요즘 어른들의
다시 시작하는
영어
학교

요즘 어른들의 다시 시작하는
영어학교 1권

초판 1쇄 발행 2024년 2월 7일

지은이 성재원
펴낸곳 (주)에스제이더블유인터내셔널
펴낸이 양홍걸 이시원

홈페이지 www.siwonschool.com
주소 서울시 영등포구 영신로 166 시원스쿨
교재 구입 문의 02)2014-8151
고객센터 02)6409-0878

ISBN 979-11-6150-812-2 13740
Number 1-010606-23990400-08

5070을 위한 친절한 영어 공부

요즘 어른들의
다시 시작하는

영어 학교 1

성재원 지음

S 시원스쿨닷컴

"어렵게만 느껴졌던 영어 공부가 이제는 즐거운 취미가 되었습니다."

오늘도 기분 좋은 후기를 받았습니다. 처음에는 시작이 늦었다고 걱정하시던 분이었습니다. 오랜 망설임 끝에 시작한 이분은 이제는 하루도 영어 공부를 안 하면 허전해하십니다. 해외여행에서 영어로 커피를 주문하고, 쇼핑을 즐기시는 모습을 보고 아드님이 자랑스러워하셨다고 합니다.

영어를 배우고 싶지만 **어디서부터 시작해야 할지 모르시는 분들**이 많습니다. 여러 학습 방법을 시도해 보셨으나 큰 효과를 못 느끼셨고, 외운 영어 문장도 쉽게 잊어버리시는 일이 자주 있습니다. **젊었을 때 더 많이 공부하지 않은 것을 후회하시는 분들**을 보며, 저는 이러한 분들을 위한 책을 만들어야겠다고 생각했습니다.

여러 곳을 찾아보지 않아도, **한 권으로 영어를 배울 수 있다면** 얼마나 좋을까요? 이런 생각을 가지고, 고향에 계신 **60대 부모님께도 자신 있게 추천할 수 있는 책**을 만들었습니다. 이 책에는 그런 고민과 노력의 결과가 모두 담겨 있습니다.

✓ **쉬운 패턴**을 사용하여 누구나 **쉽게** 말하기 시작할 수 있도록 했습니다.

✓ 패턴, 문장, 대화 상황을 자연스럽게 연결하여 **실제 상황에서 활용**할 수 있게 구성했습니다.

✓ 영어 발음이 어려운 분들을 위해 **한글 발음을 추가**했습니다.

✓ 혼자서는 어려운 분들을 위해 **친절한 해설 강의**도 준비했습니다.

이제 여러분의 실천만 남았습니다. 책의 커리큘럼을 따라서 차근차근 진행해 주세요. 차근차근 배우다 보면 실력이 쌓이는 만큼 재미를 느낄 수 있을 겁니다. 하루, 이틀, 시간이 흐르고 **자연스럽게 내 생각과 상황을 영어로** 말할 수 있을 겁니다.

기본적인 문장이라도 영어로 말할 수 있게 되면 여행의 즐거움은 배가 됩니다. **해외여행**뿐만 아니라, 영어 공부는 **배움의 즐거움과 성취감**을 주는 **멋진 취미**입니다. 여러분도 이 **놀라운 경험**을 할 수 있도록 도와드리겠습니다.

이제 저는 자신 있게 말씀드립니다. "평생 **단 한 권의 영어회화책**만 본다면, 바로 이 책입니다."

저자 성재원

목차

이 책의 활용법

1. 모든 영어 발음을 소리 나는 대로 표기하였습니다.

아직 영어가 낯설고 두려우신 분들을 위해 영어가 소리 나는 대로 한국어 발음을 표기하였습니다. 영어 단어를 읽을 줄 몰라도 차근차근 하나씩 시작하실 수 있습니다.

2. 영어 단어와 문장의 강조가 되는 부분을 표기하였습니다.

영어 단어와 문장에서 강조하여 읽어야 하는 부분을 큰 글자로 표시하였습니다. 큰 글자로 표시된 부분을 강하게 힘을 줘서 읽어보세요.

3. 무료 ❶ 원어민 음원과 ❷ 유튜브 강의를 제공합니다.

혼자 공부하기 어려운 분들을 위해 무료 음원과 강의를 제공합니다. ① 스마트폰으로 〈원어민 음원 듣기〉 QR 코드를 찍어보세요. 오늘 배울 문장의 음원을 확인하실 수 있습니다. ② [패턴 맛보기] 코너와 [회화 표현 확장하기] 코너에 있는 QR 코드를 찍으면 강의를 확인하실 수 있습니다. (QR코드 찍는 방법은 옆 페이지를 확인해 주세요.)

4. 어휘 리스트를 무료로 다운받으실 수 있습니다.

시원스쿨 홈페이지(www.siwonschool.com)에 접속하셔서, 도서에 수록된 모든 단어가 정리된 〈어휘 리스트〉를 다운받으실 수 있습니다. 추가로, 해외 여행지에서 활용할 수 있는 〈여행지 필수 어휘집〉도 다운받으실 수 있습니다. 시원스쿨 홈페이지에 회원 가입하신 후, [학습지원센터 〉 공부 자료실 〉 MP3 자료실]에서 확인해 보세요.

QR 코드 활용법

1은 음원을 들으실 수 있는 QR 코드이며,

2는 유튜브 영상을 확인하실 수 있는 QR 코드입니다.

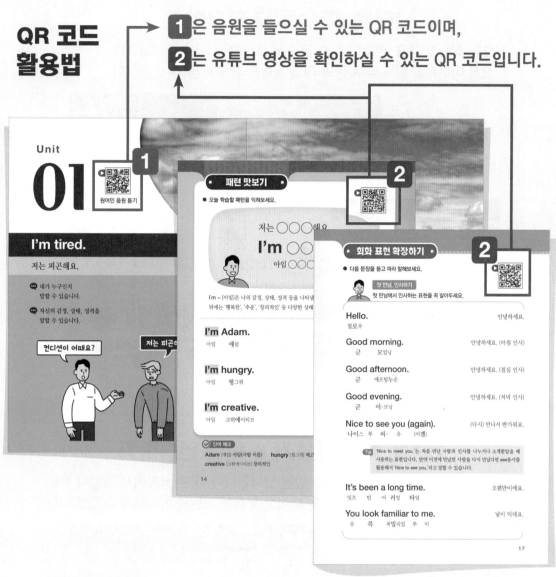

Unit

01

원어민 음원 듣기

I'm tired.

저는 피곤해요.

- 내가 누구인지 말할 수 있습니다.
- 자신의 감정, 상태, 성격을 말할 수 있습니다.

컨디션이 어때요?

저는 피곤해

패턴 맛보기

● 오늘 학습할 패턴을 익혀보세요.

저는 ○○○해요

I'm ○○○

아임 ○○○

I'm ~ [아임]은 나의 감정, 상태, 성격 등을 나타낼
뒤에는 '행복한', '추운', '창의적인' 등 다양한 상태

I'm Adam.
아임   애덤

I'm hungry.
아임   헝그뤼

I'm creative.
아임   크뤼에이티브

✓ 단어 체크
Adam [애덤] 아담(사람 이름)   hungry [헝그뤼] 배고
creative [크뤼에이티브] 창의적인

14

회화 표현 확장하기

● 다음 문장을 듣고 따라 말해보세요.

첫 만남, 인사하기

첫 만남에서 인사하는 표현을 꼭 알아두세요.

Hello.	안녕하세요.
헐로우	
Good morning.	안녕하세요. (아침 인사)
굳 모닝	
Good afternoon.	안녕하세요. (점심 인사)
굳 애프털누운	
Good evening.	안녕하세요. (저녁 인사)
굳 이-브닝	
Nice to see you (again).	(다시) 만나서 반가워요.
나이스 투 씨- 유 (어겐)	

Tip 'Nice to meet you.'는 처음 만난 사람과 인사를 나누거나 소개받았을 때
사용하는 표현입니다. 만약 이전에 만났던 사람을 다시 만났다면 see동사를
활용해서 'Nice to see you.'라고 말할 수 있습니다.

It's been a long time.	오랜만이에요.
잇츠 빈 어 러엉 타임	
You look familiar to me.	낯이 익네요.
유 룩 퍼밀리얼 투 미	

17

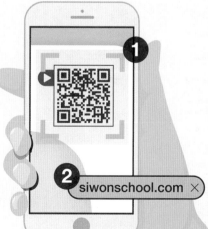

siwonschool.com ✕

❶ 스마트폰의 '카메라'을 클릭하여, 카메라 렌즈를 QR 코드에 가져다 둡니다.

❷ 노란색 네모에 QR 코드를 두고, 카메라가 QR 코드를 인식하면 하단의 노란색 부분을 클릭합니다. 클릭하시면 바로 음원 혹은 유튜브 영상을 확인하실 수 있습니다.

• 이 책의 구성 •

1단계 학습 목표 확인하기

오늘 학습할 대표 문장 및 학습 목표를 확인할 수 있는 코너입니다.
삽화 이미지와 함께 두 사람의 대화 상황을 유추해 볼 수 있습니다.

2단계 패턴 맛보기 & 패턴 연습하기

대표 패턴을 확인하고 연습할 수 있는 코너입니다. 어떤 상황에서 패턴이 주로
사용되는지 익힐 수 있으며, 짧은 대화문을 통해 패턴과 친숙해질 수 있습니다.

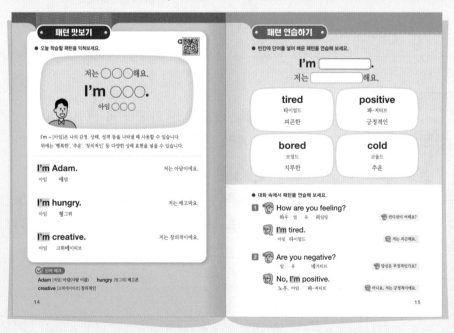

3단계 소통하기 & 회화 표현 확장하기

실제 대화문을 통해 일상 회화를 익힐 수 있는 코너입니다. 추가로, 대화문의 표현을 한 단계 확장하여 더욱더 다양한 표현을 익힐 수 있습니다.

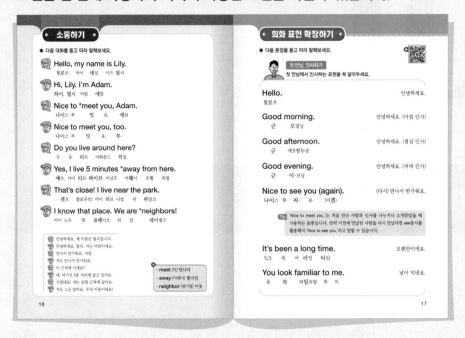

4단계 실력 다지기 & 써보기

앞서 배운 단어와 표현을 바탕으로 스스로 문제를 풀어볼 수 있는 코너입니다. 또한, 패턴 맛보기 & 패턴 연습하기 코너에서 배운 문장을 직접 써보면서 문장 쓰는 연습을 할 수 있습니다.

Unit

01

원어민 음원 듣기

I'm tired.

저는 피곤해요.

💬 내가 누구인지
말할 수 있습니다.

💬 자신의 감정, 상태, 성격을
말할 수 있습니다.

컨디션이 어때요?

저는 피곤해요.

● 오늘 학습할 패턴을 익혀보세요.

저는 ◯◯◯해요.

I'm ◯◯◯.

아임 ◯◯◯

I'm ~ [아임]은 나의 감정, 상태, 성격 등을 나타낼 때 사용할 수 있습니다.
뒤에는 '행복한', '추운', '창의적인' 등 다양한 상태 표현을 넣을 수 있습니다.

I'm Adam.
아임   애덤

저는 아담이에요.

I'm hungry.
아임   헝그뤼

저는 배고파요.

I'm creative.
아임   크뤼에이티브

저는 창의적이에요.

✓ 단어 체크

Adam [애덤] 아담(사람 이름)   hungry [헝그뤼] 배고픈
creative [크뤼에이티브] 창의적인

● 빈칸에 단어를 넣어 배운 패턴을 연습해 보세요.

I'm _____.
저는 _____해요.

tired
타이얼드
피곤한

positive
파-저티브
긍정적인

bored
보얼드
지루한

cold
코울드
추운

● 대화 속에서 패턴을 연습해 보세요.

1 **How are you feeling?**
하우 얼 유 피일링
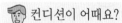 컨디션이 어때요?

 I'm tired.
아임 타이얼드
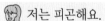 저는 피곤해요.

2 **Are you negative?**
알 유 네거티브
 당신은 부정적인가요?

 No, I'm positive.
노우, 아임 파-저티브
아니요, 저는 긍정적이에요.

● 다음 대화를 듣고 따라 말해보세요.

 Hello, my name is Lily.
헐로우, 마이 네임 이즈 릴리

 Hi, Lily. I'm Adam.
하이, 릴리. 아임 애덤

 Nice to *meet you, Adam.
나이스 투 밋 유, 애덤

 Nice to meet you, too.
나이스 투 밋 유, 투-

 Do you live around here?
두 유 리브 어롸운드 히얼

 Yes, I live 5 minutes *away from here.
예쓰, 아이 리브 파이브 미닛츠 어웨이 프륌 히얼

 That's close! I live near the park.
댓츠 클로우쓰! 아이 리브 니얼 더 파알크

 I know that place. We are *neighbors!
아이 노우 댓 플레이쓰. 위 알 네이벌즈

안녕하세요, 제 이름은 릴리입니다.
안녕하세요, 릴리. 저는 아담이에요.
만나서 반가워요, 아담.
저도 만나서 반가워요.
이 근처에 사세요?
네, 여기서 5분 거리에 살고 있어요.
가깝네요! 저는 공원 근처에 살아요.
저도 그곳 알아요. 우리 이웃이네요!

· meet [밋] 만나다
· away [어웨이] 떨어진
· neighbor [네이벌] 이웃

회화 표현 확장하기

● 다음 문장을 듣고 따라 말해보세요.

첫 만남, 인사하기

첫 만남에서 인사하는 표현을 꼭 알아두세요.

Hello.
헐로우
안녕하세요.

Good morning.
근   모얼닝
안녕하세요. (아침 인사)

Good afternoon.
근   애프털누운
안녕하세요. (점심 인사)

Good evening.
근   이-브닝
안녕하세요. (저녁 인사)

Nice to see you (again).
나이스 투 씨- 유   (어겐)
(다시) 만나서 반가워요.

> **Tip** 'Nice to meet you.'는 처음 만난 사람과 인사를 나누거나 소개받았을 때 사용하는 표현입니다. 만약 이전에 만났던 사람을 다시 만났다면 see동사를 활용해서 'Nice to see you.'라고 말할 수 있습니다.

It's been a long time.
잇츠 빈 어 러엉 타임
오랜만이에요.

You look familiar to me.
유   륵   퍼밀리얼 투 미
낯이 익네요.

실력 다지기

● 주어진 단어의 의미로 적절한 것을 찾아 연결하세요.

creative •   • 지루한

tired •   • 피곤한

bored •   • 창의적인

● 음원을 듣고, 빈칸에 알맞은 문장을 보기 에서 골라 번호를 쓰세요.

> 보기
>
> ① I'm Adam.   ② I feel like pasta.
>
> ③ I can't wait to read it.

Hello. My name is Lily.

Hi, Lily. _____

Nice to meet you, Adam.

Nice to meet you, too.

Do you live around here?

Yes, I live 5 minutes away from here.

That's close! I live near the park.

I know that place. We are neighbors!

● 다음 빈칸에 알맞은 단어를 보기 에서 골라 번호를 쓰세요.

> 보기
>
> ① morning   ② afternoon   ③ evening

· Good _____. 안녕하세요. (아침 인사)

· Good _____. 안녕하세요. (점심 인사)

· Good _____. 안녕하세요. (저녁 인사)

써보기 ✏️

● 문장을 2번씩 직접 써보고, 소리 내어 말해보세요.

1 저는 아담이에요. 아임 애덤

2 저는 배고파요. 아임 헝그뤼

3 저는 창의적이에요. 아임 크뤼에이티브

4 저는 피곤해요. 아임 타이얼드

Unit

02

원어민 음원 듣기

I'm into spicy food.

저는 매운 음식에 빠져 있어요.

💬 자신의 관심사나 취미를
   말할 수 있습니다.

💬 자신이 푹 빠져 있는 것들을
   말할 수 있습니다.

저는 매운 음식에 빠져 있어요.

요새 뭐에 관심 있으세요?

● 오늘 학습할 패턴을 익혀보세요.

저는 ○○○에 빠져 있어요.

I'm into ○○○.
아임 인투 ○○○

I'm into ~ [아임 인투]는 나의 관심사나 취미 등을 나타낼 때 사용됩니다. 뒤에는 현재 푹 빠져 있는 특정한 활동이나 주제를 넣을 수 있습니다.

I'm into fashion.
아임　　인투　　패션

저는 패션에 빠져 있어요.

I'm into movies.
아임　　인투　　무-비즈

저는 영화에 빠져 있어요.

I'm into cooking.
아임　　인투　　크킹

저는 요리하는 것에 빠져 있어요.

✓ 단어 체크

fashion [패션] 패션　　**movie** [무-비] 영화
cook [큭] 요리하다

22

● 빈칸에 단어를 넣어 배운 패턴을 연습해 보세요.

I'm into [   ].
저는 [   ]에 빠져 있어요.

spicy food
스파이시　푸-드

매운 음식

history
히스토뤼

역사

yoga
요우거

요가

play the guitar
플레이　더　기타알

기타를 연주하다

● 대화 속에서 패턴을 연습해 보세요.

1 **What are you into these days?**
왓　얼　유　인투　디즈　데이즈
요새 뭐에 관심 있으세요?

I'm into spicy food.
아임　인투　스파이시　푸-드
저는 매운 음식에 빠져 있어요.

2 **Are you into science?** *[c]는 발음하지 않아요.
얼　유　인투　싸이언쓰
과학에 빠져 있나요?

No, I'm into history.
노우, 아임　인투　히스토뤼
아니요, 저는 역사에 빠져 있어요.

● 다음 대화를 듣고 따라 말해보세요.

 What do you like to do?
왓 두 유 라익 투 두

 I'm into movies.
아임 인투 무-비즈

 Oh, nice! What *kind of movies do you like?
오, 나이쓰! 왓 카인드 어브 무-비즈 두 유 라익

 I like action movies.
아이 라익 액션 무-비즈

 Do you have a *favorite movie?
두 유 해브 어 페이버릿 무-비

 Yes, 'Toy Story' is my favorite.
예쓰, 토이 스토리 이즈 마이 페이버릿

 Do you watch it often?
두 유 와-취 잇 어-펀

 Yes, *at least once a year.
예쓰, 앳 리-스트 원쓰 어 이얼

무엇을 하는 것을 좋아하시나요?
저는 영화에 빠져 있어요.
오, 좋네요! 어떤 종류의 영화를 좋아하시나요?
저는 액션 영화를 좋아해요.
좋아하는 영화가 있나요?
네, '토이 스토리' 가장 좋아해요.
자주 보시나요?
네, 적어도 일 년에 한 번은요.

* · kind [카인드] 종류
· favorite [페이버릿] 가장 좋아하는
· at least [앳 리-스트] 적어도

● 다음 문장을 듣고 따라 말해보세요.

리액션 표현

대화 중간에 적절한 리액션 표현을 사용하면 대화가 한결 더 부드러워집니다.

Really?   정말?
뤼-얼리

You read my mind.   제 마음을 읽었네요.
유 뤠-드 마이 마인드

I think so.   그런 것 같아요.
아이 씽크 쏘우

Good for you!   잘됐네요.
근 펄 유

You deserve it.   넌 그럴 자격 있어.
유 디저얼브 잇

Are you serious?   진심이에요?
얼 유 씨어뤼어쓰

Don't mention it.   별말씀을요.
도운(트) 맨션 잇

> **Tip** 다양한 리액션 표현 중 나에게 꼭 맞는 것을 3~4개를 정해 놓는 것을 추천해 드립니다. 상대방의 말이 끝나고 1초 안에 바로 나올 수 있게 여러 번 연습해 주세요. 이때는 적절한 톤과 표정과 함께하는 것을 추천해 드립니다.

실력 다지기

● 주어진 단어의 의미로 적절한 것을 찾아 연결하세요.

cook   •　　　　　　　　　　　• 요리하다

history   •　　　　　　　　　　　• 요가

yoga   •　　　　　　　　　　　• 역사

● 음원을 듣고, 빈칸에 알맞은 문장을 보기 에서 골라 번호를 쓰세요.

> 보기
> ① I can run fast.　　② I'm into movies.
> ③ I used to live here.

What do you like to do?

_____

Oh, nice! What kind of movies do you like?

I like action movies.

Do you have a favorite movie?

Yes, 'Toy Story' is my favorite.

Do you watch it often?

Yes, at least once a year.

● 다음 빈칸에 알맞은 단어를 보기 에서 골라 번호를 쓰세요.

> 보기
> ① serious　　② deserve　　③ mind

· You _____ it. 넌 그럴 자격있어.

· Are you _____? 진심이에요?

· You read my _____. 제 마음을 읽었네요.

써보기 ✏️

● 문장을 2번씩 직접 써보고, 소리 내어 말해보세요.

1 저는 패션에 빠져 있어요. 아임 인투 패션

2 저는 영화에 빠져 있어요. 아임 인투 무-비즈

3 저는 요리하는 것에 빠져 있어요. 아임 인투 크킹

4 저는 역사에 빠져 있어요. 아임 인투 히스토뤼

원어민 음원 듣기

I'm interested in sports.

저는 스포츠에 관심이 있어요.

💬 자신의 관심사나 취미를
말할 수 있습니다.

💬 무엇을 할 의향이 있다고
말할 수 있습니다.

요리에 관심이 있나요?

아니요, 저는 스포츠에 관심이 있어요.

● 오늘 학습할 패턴을 익혀보세요.

저는 ○○○에 관심이 있어요.

I'm interested in ○○○.

아임 인터뤠스티딘 ○○○

I'm interested in ~ [아임 인터뤠스티딘]은 어떤 것에 관심이 있다는 것을 나타낼 때 사용합니다. 자신의 관심사나 취미 등을 나타낼 때 사용하기 좋은 패턴이며, 뒤에는 관심이 있는 다양한 주제나 활동을 넣을 수 있습니다.

I'm interested in you.
저는 당신에게 관심이 있어요.

아임 인터뤠스티딘 유

I'm interested in cooking.
저는 요리하는 것에 관심이 있어요.

아임 인터뤠스티딘 크킹

I'm interested in learning English.

아임 인터뤠스티딘 러얼닝 잉글리쉬

저는 영어 배우는 것에 관심이 있어요.

✓ 단어 체크

you [유] 너, 당신 cook [큭] 요리하다

learn English [러언 잉글리쉬] 영어를 배우다

30

패턴 연습하기

● 빈칸에 단어를 넣어 배운 패턴을 연습해 보세요.

I'm interested in ☐.
저는 ☐ 에 관심이 있어요.

sport
스포얼트

스포츠

marriage
매뤼쥐

결혼

gardening
가알드닝

정원 가꾸기

live abroad
리브   어브뤄-드

해외에서 살다

● 대화 속에서 패턴을 연습해 보세요.

1 **Are you interested in cooking?**

얼 유   인터뤠스티딘   크킹   요리에 관심이 있나요?

 No, I'm interested in sports.

노우, 아임   인터뤠스티딘   스포얼츠   아니요, 저는 스포츠에
관심이 있어요.

2 **What do you do for fun?**

왓 두 유 두 펄 펀   취미가 뭐예요?

 I'm interested in gardening.

아임   인터뤠스티딘   가알드닝   저는 정원을 가꾸는
것에 관심이 있어요.

● 다음 대화를 듣고 따라 말해보세요.

What do you do in your free time?
왓 두 유 두 인 유얼 프뤼- 타임

I'm interested in cooking.
아임 인터뤠스티딘 크킹

That's nice! What did you cook *recently?
댓츠 나이쓰! 왓 디 쥬 큭 뤼-썬틀리

I made some pasta. How about you?
아이 메이드 썸 파-스터. 하우 어바웃 유

I'm not good at cooking. I *usually eat out.
아임 낫 귿 앳 크킹. 아이 유-쥬얼리 잇 아웃

I can show you *a few simple dishes.
아이 캔 쇼우 유 어 퓨- 씸펄 디쉬즈

I'd love that! Thank you.
아이드 럽 댓! 쌩큐

It will be fun!
잇 윌 비 펀

시간 날 때 뭐 하세요?
저는 요리하는 것에 관심이 있어요.
좋네요! 최근에 어떤 요리를 하셨어요?
파스타를 좀 만들었어요. 당신은요?
저는 요리를 잘 못해요. 주로 외식을 해요.
제가 간단한 요리 몇 가지를 보여 드릴 수 있어요.
정말 좋아요! 감사합니다.
재밌을 거예요!

* · recently [뤼-썬틀리] 최근에
· usually [유-쥬얼리] 보통
· a few [어 퓨-] 약간의

● 다음 문장을 듣고 따라 말해보세요.

칭찬하기, 격려하기

상대방이 잘한 일이 있다면 아래 표현을 적극적으로 사용해보세요.

Great!   잘했어요!
그뤠이트

Amazing!   놀라워요!
어메이징

Good job!   잘했어요!
　근　　짭

You made it!   해냈군요!
　유　메이드　잇

That's a good idea.   좋은 생각이에요.
댓츠　어　근　아이디-어

I'm proud of you.   자랑스러워요.
아임　프롸우드 어브 유

You're a natural.   타고났네요.
유얼　　어　내츄뤌

> **Tip** 천재적인 재능을 가진 사람을 'natural'이라고 합니다. 'natural-born'은 형용사로 '(재능을) 타고난, 천부적인'이라는 의미가 있습니다. TV에 나오는 트로트 신동에게는 이렇게 말할 수 있습니다. 'She's a natural-born singer.' (그녀는 타고난 가수야.)

실력 다지기

● 주어진 단어의 의미로 적절한 것을 찾아 연결하세요.

learn English •   • 영어를 배우다

sport   •   • 결혼

marriage   •   • 스포츠

● 음원을 듣고, 빈칸에 알맞은 문장을 보기 에서 골라 번호를 쓰세요.

> 보기
>
> ① I wish I could join you.   ② I have a book.
> ③ I'm interested in cooking.

What do you do in your free time?

_____

That's nice! What did you cook recently?

I made some pasta. How about you?

I'm not good at cooking. I usually eat out.

I can show you a few simple dishes.

I'd love that! Thank you.

It will be fun!

● 다음 빈칸에 알맞은 단어를 보기 에서 골라 번호를 쓰세요.

> 보기
>
> ① job   ② good idea   ③ natural

· Good _____. 잘했어요.

· You're a _____. 타고났네요.

· That's a _____. 좋은 생각이에요.

써보기 ✏️

● 문장을 2번씩 직접 써보고, 소리 내어 말해보세요.

1 저는 당신에게 관심이 있어요.   아임 인터뤠스티딘 유

2 저는 요리하는 것에 관심이 있어요.   아임 인터뤠스티딘 크킹

3 저는 영어 배우는 것에 관심이 있어요.   아임 인터뤠스티딘 러얼닝 잉글리쉬

4 저는 정원을 가꾸는 것에 관심이 있어요.   아임 인터뤠스티딘 가알드닝

원어민 음원 듣기

I'm afraid of snakes.

저는 뱀을 무서워해요.

💬 내가 무서워하는 것들을
말할 수 있습니다.

💬 두려운 상황을 피하거나 어떤 것을
꺼려할 때 사용합니다.

뱀 좋아하세요?

아니요, 저는 뱀을 무서워해요.

● 오늘 학습할 패턴을 익혀보세요.

저는 ○○○을 무서워해요.

I'm afraid of ○○○.

아임 어프뤠이드 어브 ○○○

I'm afraid of ~ [아임 어프뤠이드 어브]는 어떤 것이나 상황에 대한 두려움이나 불안을 표현할 때 사용할 수 있습니다. 뒤에 내가 두려워하는 동물이나 상황 등을 넣을 수 있습니다.

I'm afraid of bees.

아임 어프뤠이드 어브 비-즈

저는 벌을 무서워해요.

I'm afraid of failure.

아임 어프뤠이드 어브 페일리얼

저는 실패를 무서워해요.

I'm afraid of making mistakes.

아임 어프뤠이드 어브 메이킹 미스테익쓰

저는 실수하는 것을 무서워해요.

✓ 단어 체크

bee [비-] 벌   failure [페일리얼] 실패
make mistakes [메이크 미스테익쓰] 실수를 하다

38

● 빈칸에 단어를 넣어 배운 패턴을 연습해 보세요.

I'm afraid of ⬚.
저는 ⬚을 무서워해요.

snake
스네이크
뱀

height
하이트
높이

dark
다알크
어둠, 암흑

go to the dentist
고우 투 더 덴티스트
치과에 가다

● 대화 속에서 패턴을 연습해 보세요.

1 **Do you like snakes?**
두 유 라익 스네익쓰

뱀 좋아하세요?

 No, I'm afraid of snakes.
노우, 아임 어프뤠이드 어브 스네익쓰

아니요, 저는 뱀을 무서워해요.

2 **Can you climb a ladder?**
캔 유 클라임 어 래덜

사다리 올라갈 수 있어요?

 No, I'm afraid of heights.
노우, 아임 어프뤠이드 어브 하잇츠

아니요, 저는 높은 곳을 무서워해요.

39

● 다음 대화를 듣고 따라 말해보세요.

 I want to try something new, but I'm *nervous.
아이 원투 츄롸이 썸씽 누우, 벗 아임 너얼버쓰

 Why are you nervous?
와이 얼 유 너얼버쓰

 I'm afraid of *failure.
아임 어프뤠이드 어브 페일리얼

 Everyone fails sometimes. It's okay.
에브뤼원 페일즈 썸타임즈. 잇츠 오우케이

 But what if I make a mistake?
벗 왓 이프 아이 메이크 어 미스테이크

 Just do your best. Everyone *learns from mistakes.
쥐스트 두 유얼 베스트. 에브뤼원 러언즈 프뤔 미스테익쓰

 Thanks for helping me.
쌩쓰 펄 헬핑 미

 Don't mention it.
도운트 멘션 잇

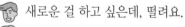 새로운 걸 하고 싶은데, 떨려요.
왜 떨리세요?
저는 실패를 무서워해요.
다들 실패할 때가 있어요. 괜찮아요.
하지만 제가 실수를 하면 어떻게 하죠?
그냥 최선을 다해보세요. 누구나 실수에서 배우는 법이니까요.
도와주셔서 고마워요.
별거 아니에요.

· nervous [너얼버쓰] 긴장한
· failure [페일리얼] 실패
· learn [러언] 배우다

40

● 다음 문장을 듣고 따라 말해보세요.

후회 표현하기

후회되는 상황에서 쓸 수 있는 표현을 알아두세요.

I messed up.
아이 메쓰트 업

제가 망쳤어요.

I screwed up.
아이 스크루-드 업

제가 망쳤어요.

I feel regret.
아이 피일 뤼그뤠트

후회가 돼요.

It's all over.
잇츠 어얼 오우벌

이제는 틀렸어요.

There is no other way.
데얼 이즈 노우 어덜 웨이

그밖에 다른 방법이 없어요.

I'm disappointed.
아임 디써포인티드

저 실망했어요.

It's disappointing.
잇츠 디써포인팅

실망스러워요.

> Tip 'I'm disappointed.'는 '나는 실망했다.'로 나의 감정을 표현하고, 'It's disappointing.'은 '그것은 실망스럽다.'로 특정한 상황이나 일에 대해 실망스러움을 표현합니다.

실력 다지기

● 주어진 단어의 의미로 적절한 것을 찾아 연결하세요.

snake •   • 어둠, 암흑

height •   • 높이

dark •   • 뱀

● 음원을 듣고, 빈칸에 알맞은 문장을 보기 에서 골라 번호를 쓰세요.

> **보기**
> ① I was sleeping.　　② I used to have a dog.
> ③ I'm afraid of failure.

I want to try something new, but I'm nervous.

Why are you nervous?

_____

Everyone fails sometimes. It's okay.

But what if I make a mistake.

Just do your best. Everyone learns from mistakes.

Thanks for helping me.

Don't mention it.

● 다음 빈칸에 알맞은 단어를 보기 에서 골라 번호를 쓰세요.

> **보기**
> ① regret　　② over　　③ disappointed

· I feel _____. 후회가 돼요.

· I'm _____. 저 실망했어요.

· It's all _____. 이제는 틀렸어요.

써보기 ✏️

● 문장을 2번씩 직접 써보고, 소리 내어 말해보세요.

1 저는 벌을 무서워해요. 아임 어프뤠이드 어브 비-즈

2 저는 실패를 무서워해요. 아임 어프뤠이드 어브 **페**일리얼

3 저는 실수하는 것을 무서워해요. 아임 어프뤠이드 어브 **메**이킹 미스테익쓰

4 저는 높은 곳을 무서워해요. 아임 어프뤠이드 어브 하잇츠

Unit

05

원어민 음원 듣기

I have a cold.

저는 감기에 걸렸어요.

💬 무언가를 가지고 있다고
말할 수 있습니다.

💬 신체적 특징이나 질병이 있다고
말할 수 있습니다.

아파 보이네요.

저는 감기에 걸렸어요.

● 오늘 학습할 패턴을 익혀보세요.

저는 ○○○을 가지고 있어요.
I have ○○○.
아이 해브 ○○○

I have ~ [아이 해브]는 무언가를 가지고 있다는 것을 나타내는 패턴입니다.
이 패턴을 활용해서 어떤 물건, 신체적 특징, 질병 등이 있다고 말할 수 있습니다.

I have a book.
아이 해브 어 북

저는 책을 가지고 있어요.

I have a secret.
아이 해브 어 씨-크뤳

저는 비밀이 있어요.

I have a question.
아이 해브 어 퀘스쳔

저는 질문이 있어요.

✅ 단어 체크

book [북] 책 **secret** [씨-크뤳] 비밀
question [퀘스쳔] 질문

● 빈칸에 단어를 넣어 배운 패턴을 연습해 보세요.

I have [   ].

저는 [   ]을 가지고 있어요.

cold
코울드
감기

brother
브뤄덜
남자 형제

dry skin
드롸이   스킨
건성 피부

meeting
미-팅
회의

● 대화 속에서 패턴을 연습해 보세요.

1 **You look sick.**
유 륵 씩

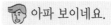 아파 보이네요.

 I have a cold.
아이 해브 어 코울드

저는 감기에 걸렸어요.

2 **How many brothers do you have?**
하우 메니 브뤄덜즈 두 유 해브

 형제가 몇이에요?

 I have two brothers.
아이 해브 투 브뤄덜즈

저는 남자 형제가 두 명 있어요.

47

소통하기

● 다음 대화를 듣고 따라 말해보세요.

Hello, I'm *new here.
헐로우, 아임 누우 히얼

Hi! How can I help you?
하이! 하우 캔 아이 헬프 유

I have a *question. Where can I buy a ticket?
아이 해브 어 퀘스천. 웨얼 캔 아이 바이 어 티킷

There is a ticket office around the corner.
데얼 이즈 어 티킷 어-피쓰 어롸운드 더 코얼널

Thank you so much!
쌩큐 쏘우 머취

No problem. Do you have any other questions?
노우 프롸-블럼. 두 유 해브 에니 어덜 퀘스천즈

Not for now. I *appreciate it.
낫 펄 나우. 아이 어프뤼-쉬에잇 잇

You're welcome! Enjoy your time here.
유얼 웰컴! 인조이 유얼 타임 히얼

안녕하세요, 저 여기 처음인데요.
안녕하세요! 무엇을 도와드릴까요?
질문이 있어요. 표는 어디서 살 수 있나요?
모퉁이를 돌면 매표소가 있어요.
정말 고마워요!
괜찮아요. 다른 질문 있으신가요?
지금은 아니에요. 고마워요.
천만에요! 여기서 즐거운 시간 보내세요.

*
- new [누우] 새로운, 처음인
- question [퀘스천] 질문
- appreciate [어프뤼-쉬에잇] 감사하다

회화 표현 확장하기

● 다음 문장을 듣고 따라 말해보세요.

감사 표현하고 답하기

감사함을 표현하고 그에 대한 대답을 해보세요.

Thank you so much.
쌩큐 쏘우 머취

정말 감사해요.

Thank you for everything.
쌩큐 펄 에브뤼씽

여러 가지로 고마워요.

> **Tip** 구체적으로 어떤 것에 대해 감사하다고 할 때는 'Thank you for ~' 패턴을 사용하면 됩니다. for 뒤에는 명사나 동사-ing 형태를 넣어 주면 됩니다. 예를 들어, 누군가 나를 초대해 주었다면 'Thank you for inviting me.' (초대해 주셔서 감사합니다)라고 말해주세요.

I owe you one.
아이 오우 유 원

제가 신세 졌네요.

How can I thank you?
하우 캔 아이 쌩큐

어떻게 감사를 드려야 할까요?

Don't mention it.
도운(트) 멘션 잇

천만에요.

Anytime!
에니타임

언제든지요!

You don't have to.
유 도운(트) 해브 투

이러지 않으셔도 돼요.

실력 다지기

● 주어진 단어의 의미로 적절한 것을 찾아 연결하세요.

secret   •   • 비밀

question •   • 회의

meeting •   • 질문

● 음원을 듣고, 빈칸에 알맞은 문장을 보기에서 골라 번호를 쓰세요.

> 보기
> ① I know how to drive.   ② I have a question.
> ③ I'm cold.

Hello, I'm new here.

Hi! How can I help you?

_____ Where can I buy a ticket?

There is a ticket office around the corner.

Thank you so much!

No problem. Do you have any other questions?

Not for now. I appreciate it.

You're welcome! Enjoy your time here.

● 다음 빈칸에 알맞은 단어를 보기에서 골라 번호를 쓰세요.

> 보기
> ① owe   ② everything   ③ have to

· Thank you for _____. 여러 가지로 고마워요.

· I _____ you one. 제가 신세 졌네요.

· You don't _____. 이러지 않으셔도 돼요.

써보기 ✏️

● 문장을 2번씩 직접 써보고, 소리 내어 말해보세요.

1 저는 책을 가지고 있어요.   아이 해브 어 북

2 저는 비밀이 있어요.   아이 해브 어 씨-크륏

3 저는 질문이 있어요.   아이 해브 어 퀘스쳔

4 저는 남자 형제가 두 명 있어요.   아이 해브 투 브뤄덜즈

I feel like Korean food.

한식이 먹고 싶어요.

💬 나의 기분을
　　말할 수 있습니다.

💬 나의 의견이나 원하는 것을
　　말할 수 있습니다.

배고프세요?

네, 한식이 먹고 싶어요.

● 오늘 학습할 패턴을 익혀보세요.

○○○하고 싶어요.
I feel like ○○○.
아이 피일 라익 ○○○

I feel like ~ [아이 피일 라익]은 주로 자기 생각이나 감정을 표현할 때 사용됩니다.
그때 느끼는 감정으로 어떤 것을 하고 싶다는 것을 나타내는 패턴입니다.

I feel like pasta.
아이 **피**일 라익　　**파**-스터

파스타가 먹고 싶어요.

I feel like crying.
아이 **피**일 라익　　크롸잉

울고 싶어요.

I feel like taking a bath.
아이 **피**일 라익　　**테**이킹　어　**배**쓰

목욕하고 싶어요.

✓ 단어 체크

pasta [파-스터] 파스타　　　**cry** [크롸이] 울다
take a bath [테이크 어 배쓰] 목욕을 하다

● 빈칸에 단어를 넣어 배운 패턴을 연습해 보세요.

I feel like [   ].

[   ]하고 싶어요.

Korean food
코어뤼-언   푸-드

한식

take a nap
테이크 어 냅

낮잠을 자다

dance
댄쓰

춤을 추다

go for a walk
고우 펄 어 워-크

산책하러 가다

● 대화 속에서 패턴을 연습해 보세요.

1 **Are you hungry?**
얼 유 헝그뤼

배고프세요?

Yes, I feel like Korean food.
예쓰, 아이 **피**일 라익 코어뤼-언 푸-드

네, 한식이 먹고 싶어요.

2 **Do you want to go for a walk?**
두 유 원투 고우 펄 어 워-크

산책하러 갈래요?

I feel like taking a nap.
아이 **피**일 라익 **테**이킹 어 냅

낮잠을 자고 싶어요.

55

● 다음 대화를 듣고 따라 말해보세요.

 You *look down. Are you okay?
유 륵 다운. 얼 유 오우케이

 I don't know. I feel like crying.
아이 도운 노우. 아이 피일 라익 크롸잉

 What happened?
왓 해펀드

 I lost my favorite watch.
아이 러-스트 마이 페이버릿 와-취

 ***What a shame! Where did you lose it?**
왓 어 쉐임! 웨얼 디쥬 루-즈 잇

 I think I left it in the taxi.
아이 씽크 아이 레프트 잇 인 더 택씨

 Let's look for it together.
렛츠 룩 펄 잇 터게덜

 Thanks, that would be great.
쌩쓰, 댓 읃 비 그뤠이트

 우울해 보이는데 괜찮아요?

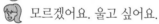 모르겠어요. 울고 싶어요.

무슨 일이 있었어요?

제가 제일 좋아하는 시계를 잃어버렸어요.

안타깝네요! 어디서 잃어버렸어요?

택시에 두고 온 것 같아요.

같이 찾아봐요.

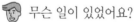 고마워요. 그래 주시면 감사하죠.

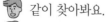

* · look [룩] ~처럼 보이다
· What a shame! [왓 어 쉐임] 안타깝네요!

회화 표현 확장하기

● 다음 문장을 듣고 따라 말해보세요.

슬픔 표현하기

슬프고 우울한 일이 있을 때 사용할 수 있는 표현을 익혀보세요.

I'm sad.   슬퍼요.

아임 쌔드

I'm upset.   속상해요.

아임 업셋

> **Tip** 'upset', 'angry', 그리고 'mad' 모두 화나거나 기분이 상한 상태를 뜻합니다. 'upset'은 기분이 좀 안 좋거나 서운한 상태를 나타낼 때 사용하고, 'angry'는 명확하게 화가 난 상태를 의미합니다. 반면 'mad'는 극도로 화가 나거나 미친 듯한 감정을 표현할 때 쓰입니다.

I'm depressed.   우울해요.

아임 디프뤠스트

I feel bad.   기분이 안 좋아요.

아이 피일 배드

I don't feel good.   기분이 좋지 않아요.

아이 도운(트) 피일 근

Why are you crying?   왜 울고 있어요?

와이 얼 유 크롸잉

Don't be so sad.   너무 슬퍼하지 마세요.

도운(트) 비 쏘우 쌔드

실력 다지기

● 주어진 단어의 의미로 적절한 것을 찾아 연결하세요.

cry   •

take a nap   •

go for a walk   •

      • 낮잠을 자다

      • 울다

      • 산책하러 가다

● 음원을 듣고, 빈칸에 알맞은 문장을 보기 에서 골라 번호를 쓰세요.

> 보기
> ① I feel like crying.   ② I'm afraid of failure.
> ③ I'm taking a shower.

You look down. Are you okay?

I don't know. _____

What happened?

I lost my favorite watch.

What a shame! Where did you lose it?

I think I left it in the taxi.

Let's look for it together.

Thanks, that would be great.

● 다음 빈칸에 알맞은 단어를 보기 에서 골라 번호를 쓰세요.

> 보기
> ① depressed   ② bad   ③ sad

· I'm _____. 우울해요.

· I feel _____. 기분이 안좋아요.

· Don't be so _____. 너무 슬퍼하지 마세요.

써보기 ✏️

● 문장을 2번씩 직접 써보고, 소리 내어 말해보세요.

1 파스타가 먹고 싶어요.   아이 피일 라익 파-스터

2 울고 싶어요.   아이 피일 라익 크롸잉

3 목욕하고 싶어요.   아이 피일 라익 테이킹 어 배쓰

4 낮잠을 자고 싶어요.   아이 피일 라익 테이킹 어 냅

원어민 음원 듣기

I enjoy listening to music.

저는 음악 듣는 것을 즐겨요.

💬 내가 즐겨하는 활동을
말할 수 있습니다.

💬 평소에 즐기는 취미를
말할 수 있습니다.

● 오늘 학습할 패턴을 익혀보세요.

저는 ○○○을 즐겨요.

I enjoy ○○○ing.

아이 인조이 ○○○

I enjoy ~ [아이 인조이]는 자신이 즐겨하는 활동을 말할 때 사용할 수 있습니다.
이 패턴을 활용해서 나의 취미를 공유할 수 있으며, 뒤에 평소에 즐기는 취미나
여가 활동을 넣을 수 있습니다. 동사 모양은 '~ing' 형태로 표현해보세요.

- -

I enjoy traveling.　　　　　　저는 여행하는 것을 즐겨요.

아이 인조이　　츄뤠벌링

I enjoy swimming.　　　　　　저는 수영하는 것을 즐겨요.

아이 인조이　　스위밍

I enjoy taking pictures.　　저는 사진 찍는 것을 즐겨요.

아이 인조이　　테이킹　　픽쳘즈

✓ 단어 체크

travel [츄뤠벌] 여행하다　　**swim** [스윔] 수영하다
take pictures [테이크 픽쳘즈] 사진을 찍다

62

● 빈칸에 단어를 넣어 배운 패턴을 연습해 보세요.

I enjoy ⬚⬚⬚ing.

저는 ⬚⬚⬚을 즐겨요.

listen to music
리쓴 투 뮤-직

음악을 듣다

watch TV
와-취 티-비-

TV를 보다

go to the gym
고우 투 더 쥠

헬스장에 가다

play tennis
플레이 테니쓰

테니스를 치다

● 대화 속에서 패턴을 연습해 보세요.

1 **Do you like music?**
두 유 라익 뮤-직

음악 좋아하세요?

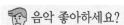 **Yes, I enjoy listening to music.**
예쓰, 아이 인조이 리쓰닝 투 뮤-직

네, 저는 음악 듣는 것을 즐겨요.

2 **What sports do you like?**
왓 스포얼츠 두 유 라이크

어떤 스포츠를 좋아하세요?

I enjoy playing tennis.
아이 인조이 플레잉 테니쓰

저는 테니스 치는 것을 즐겨요.

63

● 다음 대화를 듣고 따라 말해보세요.

 Do you like going to new *places?
두 유 라익 고우잉 투 누우 플레이씨즈

 Yes, I enjoy traveling.
예쓰, 아이 인조이 츄뢔벌링

 Have you traveled recently?
해뷰 츄뢔벌드 뤼-썬틀리

 I went to Paris last month.
아이 웬 투 패뤼쓰 래스트 먼쓰

 That *sounds nice! How was it?
댓 싸운즈 나이쓰! 하우 워즈 잇

 It was beautiful. How about you?
잇 워즈 뷰-티펄. 하우 어바웃 유

 I went to the beach. It was so *peaceful.
아이 웬 투 더 비-취. 잇 워즈 쏘우 피-쓰펄

 I love the beach too.
아이 러브 더 비-취 투-

 새로운 곳에 가는 것을 좋아하시나요?
네, 저는 여행하는 것을 즐겨요.
최근에 여행하신 적 있으세요?
지난달에 파리에 갔어요.
좋네요! 어땠어요?
정말 아름다웠어요. 당신은요?
저는 해변에 다녀왔어요. 정말 평화로웠어요.
저도 해변이 너무 좋아요.

· place [플레이스] 장소
· sound [싸운드] ~처럼 들리다
· peaceful [피-쓰펄] 평화로운

64

● 다음 문장을 듣고 따라 말해보세요.

여행할 때

해외여행할 때 사용할 수 있는 표현을 익혀보세요.

Where is my seat?
웨얼 이즈 마이 씨-트

제 좌석은 어디에 있나요?

Where is the restroom?
웨얼 이즈 더 뤠스트루움

화장실은 어디에 있어요?

Can I pay with cash?
캔 아이 페이 윋 캐쉬

현금으로 결제할 수 있나요?

Could you repeat that?
크쥬 뤼핏 댓

다시 한 번 말씀해 주시겠어요?

Could you speak more slowly?
크쥬 스피익 모얼 슬로울리

조금 더 천천히
말씀해 주시겠어요?

How much is the ticket?
하우 머취 이즈 더 티킷

티켓값은 얼마인가요?

Can I get a discount?
캔 아이 겟 어 디쓰카운트

할인받을 수 있나요?

> **Tip** 해외여행을 할 때 많이 사용하는 패턴 몇 개만 연습해 두면 큰 도움이 될 수 있습니다. 물건을 사거나 할인을 받을 때 'Can I get …?', 길을 물어볼 때 'Where is …?', 부탁할 때 'Could you …?' 이런 패턴들을 툭 치면 나올 수 있도록 연습해 주세요.

● 주어진 단어의 의미로 적절한 것을 찾아 연결하세요.

take pictures •   • 테니스를 치다

listen to music •   • 음악을 듣다

play tennis •   • 사진을 찍다

● 음원을 듣고, 빈칸에 알맞은 문장을 보기에서 골라 번호를 쓰세요.

> 보기
> ① I'm into movies.   ② I can't wait to read it.
> ③ I enjoy traveling.

Do you like going to new places?

Yes, _____

Have you traveled recently?

I went to Paris last month.

That sounds nice! How was it?

It was beautiful. How about you?

I went to the beach. It was so peaceful.

I love the beach too.

● 다음 빈칸에 알맞은 단어를 보기에서 골라 번호를 쓰세요.

> 보기
> ① ticket   ② restroom   ③ discount

· Where is the _____.   화장실은 어디에 있어요?

· How much is the _____?   티켓 값은 얼마인가요?

· Can I get a _____?   할인 받을 수 있나요?

써보기 ✏️

● 문장을 2번씩 직접 써보고, 소리 내어 말해보세요.

1 저는 여행하는 것을 즐겨요. 아이 인조이 츄뢔벌링

2 저는 수영하는 것을 즐겨요. 아이 인조이 스위밍

3 저는 사진 찍는 것을 즐겨요. 아이 인조이 테이킹 픽췰즈

4 저는 테니스 치는 것을 즐겨요. 아이 인조이 플레잉 테니쓰

I know how to play chess.

체스할 줄 알아요.

💬 어떤 일을 할 수 있다고
말할 수 있습니다.

💬 무엇을 하는 방법을 안다고
말할 수 있습니다.

체스 두는 법 아세요?

네, 체스할 줄 알아요.

● 오늘 학습할 패턴을 익혀보세요.

○○○ 할 줄 알아요.
I know how to ○○○.
아이 노우 하우 투 ○○○

I know how to ~ [아이 노우 하우 투]는 어떤 특정한 기술이나 능력을 가지고 있다고 말할 때 사용합니다. 다른 사람에게 내가 어떤 일을 할 수 있다거나 특정 능력을 가지고 있다고 알릴 수 있습니다.

I know how to drive.
아이 **노우** 하우 투 드롸이브

운전할 줄 알아요.

I know how to fix it.
아이 **노우** 하우 투 픽쓰 잇

그거 어떻게 고치는지 알아요.

I know how to play the piano.
아이 **노우** 하우 투 플레이 더 피애노우

피아노 칠 줄 알아요.

✓ **단어 체크**

drive [드롸이브] 운전하다   **fix** [픽쓰] 고치다

play the piano [플레이 더 피애노우] 피아노를 치다

● 빈칸에 단어를 넣어 배운 패턴을 연습해 보세요.

I know how to ☐.

☐ 할 줄 알아요.

play chess
플레이   췌쓰

체스를 하다

ride a bike
롸이드 어   바이크

자전거를 타다

get there
겟   데얼

그곳에 가다

use a computer
유즈 어   컴퓨-털

컴퓨터를 사용하다

● 대화 속에서 패턴을 연습해 보세요.

1 Do you know how to play chess?
두 유 노우 하우 투 플레이 췌쓰

체스 두는 법 아세요?

Yes, I know how to play chess.
예쓰, 아이 노우 하우 투 플레이 췌쓰

네, 체스할 줄 알아요.

2 Can you ride a bike?
캔   유 롸이드 어 바이크

 자전거 탈 수 있어요?

Yes, I know how to ride a bike.
예쓰, 아이 노우 하우 투 롸이드 어 바이크

 네, 자전거 탈 줄 알아요.

● 다음 대화를 듣고 따라 말해보세요.

 Oh no! My umbrella is *broken.
오우 노우! 마이 엄브뤨러 이즈 브로우컨

 How did that happen?
하우 딛 댓 해편

 I *dropped it.
아이 드뢉트 잇

 Don't worry. I know how to *fix it.
도운(트) 워어뤼. 아이 노우 하우 투 픽쓰 잇

 Really? Can you help me?
뤼-얼리? 캔 유 헬프 미

 Of course! Let me see it.
어브 코얼쓰! 렛 미 씨- 잇

 Thank you so much!
쌩큐 쏘우 머취

 No problem. I'm happy to help!
노우 프롸-블럼. 아임 해피 투 헬프

 이런! 제 우산이 고장 났어요.
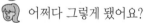 어쩌다 그렇게 됐어요?
 떨어뜨렸어요.
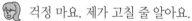 걱정 마요. 제가 고칠 줄 알아요.
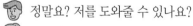 정말요? 저를 도와줄 수 있나요?
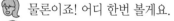 물론이죠! 어디 한번 볼게요.
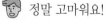 정말 고마워요!
 아니에요. 도움이 됐다니 다행이네요!

- **broken** [브로우컨] 깨진, 고장난
- **drop** [드뢉] 떨어뜨리다
- **fix** [픽쓰] 고치다

72

● 다음 문장을 듣고 따라 말해보세요.

걱정에 대해 위로하기

걱정하는 상대방을 위로할 수 있는 표현을 익혀보세요.

I'm worried.
아임 워어뤼드
걱정돼요.

I'm scared.
아임 스케얼드
두려워요.

I couldn't sleep a wink.
아이 쿠든(트) 슬리잎 어 윙크
한숨도 못 잤어요.

I'm in trouble.
아임 인 츄뤄벌
큰일 났어요.

What if it rains?
왓 이프 잇 뤠인즈
비가 오면 어쩌죠?

Cheer up!
취얼 업
기운 내세요!

Everything will be okay.
에브뤼씽   윌 비 오우케이
다 잘 될 거예요.

> **Tip** 주변에 안타까운 일을 겪은 사람들이 있을 때 상황에 따라 다른 표현을 사용해 보세요. 일반적인 안타까운 상황이나 기회를 놓쳤을 때는 'What a shame!'(그거 안 됐구나!)를, 안 좋은 상황에 대해 진심으로 안타까움을 표현할 때는 'I'm sorry to hear that.'(유감이야.)를 사용하면 됩니다.

● 주어진 단어의 의미로 적절한 것을 찾아 연결하세요.

play the piano   •   • 자전거를 타다

ride a bike   •   • 피아노를 치다

use a computer •   • 컴퓨터를 사용하다

● 음원을 듣고, 빈칸에 알맞은 문장을 보기 에서 골라 번호를 쓰세요.

> **보기**
> ① I know how to fix it.   ② I'm afraid of heights.
> ③ I wish I could fly.

Oh no! My umbrella is broken.

How did that happen?

I dropped it.

Don't worry. _____

Really? Can you help me?

Of course! Let me see it.

Thank you so much!

No problem. I'm happy to help!

● 다음 빈칸에 알맞은 단어를 보기 에서 골라 번호를 쓰세요.

> **보기**
> ① worried   ② shame   ③ rains

· I'm _____. 걱정돼요.

· What if it _____? 비가 오면 어쩌죠?

· What a_____. 그거 안됐구나.

써보기 ✏

● 문장을 2번씩 직접 써보고, 소리 내어 말해보세요.

1 운전할 줄 알아요. 아이 노우 하우 투 드롸이브

2 그거 어떻게 고치는지 알아요. 아이 노우 하우 투 픽쓰 잇

3 피아노 칠 줄 알아요. 아이 노우 하우 투 플레이 더 피애노우

4 자전거 탈 줄 알아요. 아이 노우 하우 투 롸이드 어 바이크

Unit

09

원어민 음원 듣기

I used to smoke.

저는 담배를 피웠었어요.

💬 과거에 습관적으로 했던 일을
말할 수 있습니다.

💬 과거와 비교하면서 어떤 변화가
있었다고 말할 수 있습니다.

지금은 아니에요. 저는 담배를 피웠었어요.

담배 피우세요?

● 오늘 학습할 패턴을 익혀보세요.

저는 ○○○ 하곤 했어요.

I used to ○○○.

아이 유스터 ○○○

I used to ~ [아이 유스터]는 과거에 무엇을 하곤 했다는 것을 나타내는 표현입니다. 과거에는 항상 무엇을 했는데 지금은 더 이상 그렇지 않다는 것을 나타냅니다. 이를 통해 과거와 현재의 변화를 설명할 수 있습니다.

I used to play soccer.
아이   유스터   플레이   싸-컬

저는 축구를 하곤 했어요.

I used to be a teacher.
아이   유스터   비 어   티-췰

저는 선생님이었어요.

I used to live here.
아이   유스터   리브   히얼

저는 여기서 살았었어요.

✓ 단어 체크

play soccer [플레이 싸-컬] 축구를 하다   **teacher** [티-췰] 선생님
live [리브] 살다

● 빈칸에 단어를 넣어 배운 패턴을 연습해 보세요.

I used to [   ].

저는 [   ] 하곤 했어요.

smoke
스모우크

담배를 피우다

have a dog
해브 어 덕

강아지를 키우다

drink coffee
드링크   커-피

커피를 마시다

dye one's hair
다이   원즈   헤얼

염색하다

● 대화 속에서 패턴을 연습해 보세요.

1 **Do you smoke?**
두 유 스모우크

담배 피우세요?

Not anymore. I used to smoke.
낫 애니모우얼. 아이 유스터 스모우크

지금은 아니에요. 저는 담배를 피웠었어요.

2 **Do you like dogs?**
우 듀 라익 덕즈

강아지 좋아하세요?

Yes, I used to have a dog.
예쓰, 아이 유스터 해브 어 덕

저는 전에 강아지를 키웠어요.

● 다음 대화를 듣고 따라 말해보세요.

 Is this your first time here?
이즈 디쓰 유얼 퍼얼스트 타임 히얼

 No, I used to live here.
노우, 아이 유스터 리브 히얼

 Really? When did you live here?
뤼얼-리? 웬 디쥬 리브 히얼

 *About 10 years ago.
어바웃 텐 이얼즈 어고우

 Welcome back!
웰컴 백

 Thanks! I've really *missed the food.
쌩쓰! 아이브 뤼-얼리 미쓰트 더 푸-드

 I know a great restaurant. Do you want to try it?
아이 노우 어 그뤠잇 뤠스터뢴트. 두 유 원투 츄롸이 잇

 Sure! Where is it?
슈얼! 웨얼 이즈 잇

여기는 처음이세요?

아니요, 저는 여기에 살았었어요.

정말요? 여기 언제 사셨어요?

한 10년 전쯤에요.

돌아온 걸 환영해요!

고마워요! 여기 음식이 정말 그리웠어요.

제가 괜찮은 식당을 하나 알고 있어요. 한번 가볼래요?

그럼요! 어디 있죠?

* · about [어바웃] 약, 대략
  · miss [미쓰] 그립다

● 다음 문장을 듣고 따라 말해보세요.

식당 관련 표현하기

식당에서 사용할 수 있는 표현들을 익혀보세요.

Let's try a new restaurant.
렛츠 츄롸이 어 누우 뤠스터롼트

새로운 식당을 한번 가봐요.

The dish is very famous.
더 디쉬 이즈 베뤼 페이머쓰

그 요리는 매우 유명해요.

Let's share the food.
렛츠 쉐얼 더 푸-드

음식 나눠 먹어요.

We're ready to order.
위얼 뤠디 투 오얼덜

저희 주문할 준비됐어요.

I will have the same.
아이 윌 해브 더 쌔임

저도 같은 걸로 주세요.

Can I get some more water?
캔 아이 겟 썸 모얼 워-털

물 좀 더 주실 수 있나요?

Let's go Dutch.
렛츠 고우 더취

우리 각자 내요.

Tip 식당에서 음식을 먹고 각자 계산하자고 할 때 '더치페이'라는 말을 많이 사용합니다. 이를 영어로 말할 때는 'go Dutch' 혹은 'split the bill'이라고 해야 합니다. '더치페이'는 콩글리쉬이므로 주의해주세요!

실력 다지기

● 주어진 단어의 의미로 적절한 것을 찾아 연결하세요.

play soccer •   • 축구를 하다

smoke •   • 강아지를 키우다

have a dog •   • 담배를 피우다

● 음원을 듣고, 빈칸에 알맞은 문장을 보기에서 골라 번호를 쓰세요.

> 보기
> ① I used to live here. ② I have a question.
> ③ I'm into cooking.

Is this your first time here?

No, _____

Really? When did you live here?

About 10 years ago.

Welcome back!

Thanks! I've really missed the food.

I know a great restaurant. Do you want to try it?

Sure! Where is it?

● 다음 빈칸에 알맞은 단어를 보기에서 골라 번호를 쓰세요.

> 보기
> ① go Dutch ② ready ③ share

· Let's _____ the food. 음식 나눠 먹어요.

· We're _____ to order. 저희 주문할 준비됐어요.

· Let's _____. 우리 각자 내요.

써보기 ✏️

● 문장을 2번씩 직접 써보고, 소리 내어 말해보세요.

1 저는 축구를 하곤 했어요.　아이 유스터 플레이 싸-컬

2 저는 선생님이었어요.　아이 유스터 비 어 티-쳘

3 저는 여기서 살았었어요.　아이 유스터 리브 히얼

4 저는 전에 강아지를 키웠어요.　아이 유스터 해브 어 덕

Unit
10

원어민 음원 듣기

I'm having dinner.

저는 저녁을 먹고 있어요.

- 💬 현재 무슨 일을 하고 있는지 말할 수 있습니다.

- 💬 지금 이 순간에 일어나는 일을 집중해서 나타냅니다.

지금 뭐 하고 있어요?

저는 저녁을 먹고 있어요.

● 오늘 학습할 패턴을 익혀보세요.

저는 ◯◯◯하고 있어요.

I'm ◯◯◯ing.
아임 ◯◯◯

I'm ~ing [아임 ~]은 지금 이 순간 하고 있는 행동을 나타낼 때 사용할 수 있습니다. 일반적인 사실을 이야기하는 것을 이야기하는 '현재시제'와는 달리, 현재진행형은 지금 이 순간에 일어나는 일들에 집중합니다.

I'm working.
아임　　워얼킹

저는 일하고 있어요.

I'm taking a shower.
아임　테이킹　어　샤우얼

저는 샤워하고 있어요.

I'm making a cake.
아임　메이킹　어　케이크

저는 케익을 만들고 있어요.

✓ 단어 체크

work [워얼크] 일하다　　**take a shower** [테이크 어 샤우얼] 샤워를 하다
make a cake [메이크 어 케이크] 케이크를 만들다

패턴 연습하기

● 빈칸에 단어를 넣어 배운 패턴을 연습해 보세요.

I'm [   ]ing.
저는 [   ]하고 있어요.

have dinner
해브   디널

저녁을 먹다

study English
스터디   잉글리쉬

영어 공부를 하다

walk the dog
워-크   더   덕

강아지를 산책시키다

read a newspaper
뤼드 어   누-즈페이펄

신문을 읽다

● 대화 속에서 패턴을 연습해 보세요.

1 **What are you doing now?**
왓   얼 유   두잉   나우

지금 뭐 하고 있어요?

 I'm having dinner.
아임   해빙   디널

저는 저녁을 먹고 있어요.

2 **Are you watching a movie?**
얼 유   와칭   어 무-비

영화 보고 있어요?

 No, I'm studying English.
노우, 아임   스터딩   잉글리쉬

아니요, 저는 영어 공부를 하고 있어요.

87

● 다음 대화를 듣고 따라 말해보세요.

 How's your day going?
하우즈 유얼 데이 고우잉

 It's good, thanks. How about yours?
잇츠 귿, 쌩쓰. 하우 어바웃 유얼즈

 Well, I just woke up, and now I'm taking a shower.
웰, 아이 쥐스트 워우크 업, 앤 나우 아임 테이킹 어 샤우얼

 What are your *plans for the day?
왓 얼 유얼 플랜즈 펄 더 데이

 I will *have lunch and then go to work.
아이 윌 해브 런취 앤 덴 고우 투 워얼크

 What time do you start work?
왓 타임 두 유 스타알트 워얼크

 I start at 3 p.m.
아이 스타알트 앳 쓰뤼- 피-엠

 That's not too *early. Have a nice day!
댓츠 낫 투 어얼리. 해브 어 나이쓰 데이

 오늘 하루 어때요?
괜찮아요, 고마워요. 당신은 어때요?
저는 방금 일어나서 지금 샤워하고 있어요.
오늘 일정이 어떻게 되나요?
점심 먹고 일하러 갈 거예요.
일은 몇 시에 시작하세요?
오후 3시에 시작해요.
너무 이르진 않네요. 즐거운 하루 되세요!

> *****
> · plan [플랜] 계획
> · have [해브] 먹다
> · early [어얼리] 이른, 빠른

88

● 다음 문장을 듣고 따라 말해보세요.

작별하기

대화를 깔끔하게 마무리할 수 있는 표현을 익혀보세요.

Goodbye.
잘가요.
근바이

Take care.
몸 건강해요.
테익 케얼

Let's keep in touch.
계속 연락해요.
렛츠 키잎 인 터취

I will call you later.
나중에 전화할게요.
아이 윌 커얼 유 레이털

I think I should go.
전 가봐야겠어요.
아이 씽크 아이 슏 고우

It was nice meeting you.
만나서 반가웠어요.
잇 워즈 나이쓰 미-팅 유

Say hello to your family.
가족들에게 안부 전해주세요.
쎄이 헐로우 투 유얼 패멀리

> **Tip** 'Say hello to ~'는 누군가에게 안부를 전해달라고 말할 때 사용할 수 있는 패턴입니다. 뒤에는 안부를 전해달라고 말하고 싶은 사람을 넣어 주면 됩니다. 예를 들어, 'Say hello to Adam.' (아담에게 안부 전해주세요.)로 표현할 수 있습니다.

실력 다지기

● 주어진 단어의 의미로 적절한 것을 찾아 연결하세요.

take a shower •   • 영어 공부를 하다

make a cake •   • 케이크를 만들다

study English •   • 샤워를 하다

● 음원을 듣고, 빈칸에 알맞은 문장을 보기 에서 골라 번호를 쓰세요.

> 보기
> ① I'm interested in you.   ② I'm taking a shower.
> ③ I know how to fix it.

How's your day going?

It's good, thanks. How about yours?

Well, I just woke up, and now _____

What are your plans for the day?

I will have lunch and then go to work.

What time do you start work?

I start at 3 p.m.

That's not too early. Have a nice day!

● 다음 빈칸에 알맞은 단어를 보기 에서 골라 번호를 쓰세요.

> 보기
> ① care   ② later   ③ family

· Take _____. 몸 건강해요.

· I will call you _____. 나중에 전화할게요.

· Say hello to your _____. 가족들에게 안부 전해주세요.

써보기 ✏️

● 문장을 2번씩 직접 써보고, 소리 내어 말해보세요.

1 저는 일하고 있어요. 아임 워얼킹

2 저는 샤워하고 있어요. 아임 **테이킹 어 샤우얼**

3 저는 케익을 만들고 있어요. 아임 **메이킹 어 케이크**

4 저는 영어 공부를 하고 있어요. 아임 **스터딩 잉글리쉬**

Unit

11

원어민 음원 듣기

I can go now.

지금 갈 수 있어요.

💬 자신이 무엇을 할 수 있다는 능력을
말할 수 있습니다.

💬 특정 상황에서 무엇을 할 수 있는지
말할 수 있습니다.

갈 준비됐어요?

네, 지금 갈 수 있어요.

● 오늘 학습할 패턴을 익혀보세요.

저는 ○○○를 할 수 있어요.

I can ○○○.

아이 캔 ○○○

I can ~ [아이 캔]은 자신의 능력이나 가능성을 나타낼 때 사용합니다. 자신이 어떤 일을 할 수 있다고 확신하거나, 특정 상황에서 무엇을 할 수 있는지를 표현할 때 사용하는 표현입니다.

I can do it.
아이 캔 두 잇

저는 할 수 있어요.

I can run fast.
아이 캔 뤈 패스트

저는 빨리 뛸 수 있어요.

I can walk to school.
아이 캔 워-크 투 스쿠울

저는 학교까지 걸어갈 수 있어요.

✓ **단어 체크**

do [두] 하다   run [뤈] 달리다

walk [워-크] 걷다

● 빈칸에 단어를 넣어 배운 패턴을 연습해 보세요.

I can ☐.

저는 ☐ 를 할 수 있어요.

go 고우 가다	**hear** 히얼 듣다
speak English 스피익 잉글리쉬 영어로 말하다	**help** 헬프 돕다

● 대화 속에서 패턴을 연습해 보세요.

1 **Are you ready to go?**
　　　　얼　유　뤠디　투　고우

 Yes, I can go now.
　　　예쓰, 아이 캔　고우　나우

　　　🙍‍♂️ 갈 준비됐어요?

　　　🙍‍♀️ 네, 지금 갈 수 있어요.

2 **Can you hear me?**
　　　　캔　유　히얼　미

 Yes, I can hear you.
　　　예쓰, 아이 캔　히얼　유

　　　🙍‍♂️ 제 목소리 들려요?

　　　🙍‍♀️ 네, 잘 들려요.

95

• 소통하기 •

● 다음 대화를 듣고 따라 말해보세요.

 I want to make a cake.

아이 원투 메이크 어 케이크

 That sounds fun! Have you made one *before?

댓 싸운즈 펀! 해뷰 메이드 원 비포얼

 No, it's my first time.

노우, 잇츠 마이 퍼얼스트 타임

 Don't worry, just *follow the recipe.

도운(트) 워어뤼, 쥐스트 팔로우 더 뤠써피

 But it *seems difficult.

벗 잇 씸즈 디피컬트

 Let's do it together. You can do it!

렛츠 두 잇 터게덜. 유 캔 두 잇

 All right, I can do it!

얼 롸잇, 아이 캔 두 잇

 I'm sure you will do fine.

아임 슈얼 유 윌 두 파인

 케이크를 만들고 싶어요.
 재미있을 것 같네요! 전에 만들어 본 적 있으세요?
 아니요, 처음 하는 거예요.
 걱정하지 말고 조리법을 따라 해 보세요.
 하지만 어려울 것 같은데요.
 같이 해봐요. 당신은 할 수 있어요!
 좋아요, 저는 할 수 있어요!
 분명 잘 해낼 거예요.

> · before [비포얼] 전에
> · follow [팔로우] 따르다, 따라 하다
> · seem [씸] ~처럼 보이다

● 다음 문장을 듣고 따라 말해보세요.

확신 표현하기

확신이 드는 상황에서 쓸 수 있는 표현을 익혀보세요.

Sure.
슈얼

물론이죠.

Absolutely!
앱썰루-틀리

당연하죠!

I'm positive.
아임 **파**-저티브

확실해요.

> Tip 'positive'라는 영어 단어는 여러 가지 뜻이 있습니다. '긍정적인' 외에도 '확실한'이라는 뜻으로도 쓰입니다. 무언가 분명하거나 확신한다면 'I'm positive!'라고 할 수 있습니다.

I guarantee it.
아이 개륀티- 잇

장담해요.

I swear to god.
아이 스웨얼 투 가-드

신에게 맹세해요.

I have no doubt.
아이 해브 노우 다우

의심의 여지가 없어요.

Trust me.
츄뤄스트 미

저를 믿으세요.

실력 다지기

● 주어진 단어의 의미로 적절한 것을 찾아 연결하세요.

run   •   • 달리다

hear   •   • 듣다

help   •   • 돕다

● 음원을 듣고, 빈칸에 알맞은 문장을 보기 에서 골라 번호를 쓰세요.

> 보기
> ① I enjoy swimming.   ② I'm hungry.
> ③ I can do it!

🧑 I want to make a cake.

👩 That sounds fun! Have you made one before?

🧑 No, it's my first time.

👩 Don't worry, just follow the recipe.

🧑 But it seems difficult.

👩 Let's do it together. You can do it!

🧑 All right, _____

👩 I'm sure you will do fine.

● 다음 빈칸에 알맞은 단어를 보기 에서 골라 번호를 쓰세요.

> 보기
> ① god   ② positive   ③ doubt

· I'm _____. 확실해요.

· I swear to _____. 신에게 맹세해요.

· I have no _____. 의심의 여지가 없어요.

써보기 ✏️

● 문장을 2번씩 직접 써보고, 소리 내어 말해보세요.

1 저는 할 수 있어요.　아이 캔 두 잇

2 저는 빨리 뛸 수 있어요.　아이 캔 뤈 패스트

3 저는 학교까지 걸어갈 수 있어요.　아이 캔 워-크 투 스쿠울

4 잘 들려요.　아이 캔 히얼 유

I wish I could quit my job.

직장을 그만둘 수 있으면 좋겠어요.

💬 실현 가능성이 낮거나 불가능한 일을
바랄 때 사용합니다.

💬 과거에 바꾸고 싶었던 일들을
말할 때 사용합니다.

● 오늘 학습할 패턴을 익혀보세요.

○○○ 할 수 있으면 좋겠어요.

I wish I could ○○○.

아이 위쉬 아이 큰 ○○○

I wish I could ~ [아이 위쉬 아이 큰]은 현재나 미래에 대한 소망 또는 바램을 나타내는 표현으로, 실제로는 그 소망을 이룰 가능성이 낮거나 없음에도 불구하고 그렇게 되었으면 좋겠다는 의미를 전달합니다.

I wish I could fly.

아이 위쉬 아이 큰 플라이

날 수 있으면 좋겠어요.

I wish I could join you.

아이 위쉬 아이 큰 조인 유

동참했으면 좋겠어요.

I wish I could turn back time.

아이 위쉬 아이 큰 터언 백 타임

시간을 되돌릴 수 있다면 좋겠어요.

✓ **단어 체크**

fly [플라이] 날다　　**join** [조인] 함께 하다
turn back [터언 백] ~을 되돌리다

● 빈칸에 단어를 넣어 배운 패턴을 연습해 보세요.

I wish I could [　　　　　].

[　　　　　] 할 수 있으면 좋겠어요.

---

quit
쿠윗

그만두다

go
고우

가다

grow up
그로우　업

성장하다

speak French
스피익　　　프뤤취

프랑스어를 말하다

● 대화 속에서 패턴을 연습해 보세요.

1 How is your work?
하우　이즈　유얼　워얼크

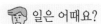 일은 어때요?

 I wish I could quit my job.
아이　위쉬　아이　큰　　쿠윗　마이　쫩

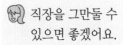 직장을 그만둘 수 있으면 좋겠어요.

2 Can you speak French?
캔　유　스피익　　프뤤취

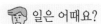 프랑스어 할 줄 아세요?

 I wish I could speak French.
아이　위쉬　아이　큰　　스피익　　프뤤취

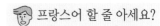 프랑스어를 할 수 있으면 좋겠어요.

소통하기

● 다음 대화를 듣고 따라 말해보세요.

 Look at the birds! They're flying so *high.
룩 앳 더 버얼즈! 데이얼 플라잉 소우 하이

 They seem happy.
데이 씨임 해피

 Do you want to fly?
두 유 원투 플라이

 I wish I could fly. It must be fun.
아이 위쉬 아이 큳 플라이. 잇 머스트 비 펀

 We can fly in airplanes.
위 캔 플라이 인 에얼플레인즈

 That's true, but it's not the same.
댓츠 트루-, 벗 잇츠 낫 더 쎄임

 You're right. Birds can go *anywhere.
유얼 롸이트. 버얼즈 캔 고우 에니웨얼

 They are so *lucky.
데이 얼 쏘우 러키

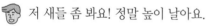
저 새들 좀 봐요! 정말 높이 날아요.
행복해 보이네요.
날고 싶어요?
저도 날 수 있으면 좋겠어요. 재미있을 거예요.
우리는 비행기로 날 수 있잖아요.
그건 그렇지만, 그게 똑같지는 않죠.
맞아요. 새들은 어디든 갈 수 있잖아요.
새들은 정말 운이 좋네요.

· high [하이] 높이
· anywhere [에니웨얼] 어디든
· lucky [러키] 운이 좋은

104

● 다음 문장을 듣고 따라 말해보세요.

소망 나타내기

무언가를 소망하는 표현을 익혀보세요.

I hope so.

아이 호웊 쏘우

그러기를 바랄게요.

I hope you feel better soon.

아이 호웊 유 피일 베털 쑤운

빨리 회복되기를 바랄게요.

> **Tip** 'I hope'와 'I wish' 모두 무언가를 바랄 때 사용할 수 있습니다. 차이가 있다면 I wish는 실현 가능성이 낮거나 불가능할 때, I hope는 실현 가능성이 있을 때 사용합니다.

I want to know why.

아이 원투 노우 와이

이유를 알고 싶어요.

I can't wait to see you.

아이 캐앤(트) 웨잇 투 씨- 유

빨리 당신을 보고 싶어요.

I can't wait to go home.

아이 캐앤(트) 웨잇 투 고우 호움

빨리 집에 가고 싶어요.

I hope it's sunny tomorrow.

아이 호웊 잇츠 써니 터마-로우

내일 날씨가 맑았으면 좋겠어요.

I'm looking forward to it.

아임 르킹 포얼월드 투 잇

정말 기다려져요.

실력 다지기

● 주어진 단어의 의미로 적절한 것을 찾아 연결하세요.

join   •   • 함께 하다

quit   •   • 성장하다

grow up •   • 그만두다

● 음원을 듣고, 빈칸에 알맞은 문장을 보기 에서 골라 번호를 쓰세요.

> 보기
> ① I wish I could fly.   ② I feel like dancing.
> ③ I can help you.

Look at the birds! They're flying so high.

They seem happy.

Do you want to fly?

_____ It must be fun.

We can fly in airplanes.

That's true, but it's not the same.

You're right. Birds can go anywhere.

They are so lucky.

● 다음 빈칸에 알맞은 단어를 보기 에서 골라 번호를 쓰세요.

> 보기
> ① why   ② better   ③ wait

· I hope you feel _____ soon. 빨리 회복되기를 바랄게요.

· I want to know _____. 이유를 알고 싶어요.

· I can't _____ to see you. 빨리 당신을 보고 싶어요.

써보기 ✏️

● 문장을 2번씩 직접 써보고, 소리 내어 말해보세요.

1 날 수 있으면 좋겠어요.   아이 위쉬 아이 큰 플라이

2 동참했으면 좋겠어요.   아이 위쉬 아이 큰 조인 유

3 시간을 되돌릴 수 있다면 좋겠어요.   아이 위쉬 아이 큰 터언 백 타임

4 프랑스어를 할 수 있으면 좋겠어요.   아이 위쉬 아이 큰 스피익 프뤤치

Were you cold?

추웠어요?

💬 과거의 상태나 상황을
   물어볼 수 있습니다.

💬 과거의 감정이나 생각을
   물어볼 수 있습니다.

추웠어요?

네, 너무 추웠어요.

● 오늘 학습할 패턴을 익혀보세요.

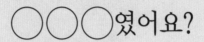

○○○였어요?

Were you ○○○?

월 유 ○○○

Were you~? [월 유]는 과거의 상태나 감정을 상대방에게 물을 때 사용할 수 있습니다. 상태와 감정을 나타내는 표현과 함께 사용하여 상대방에게 질문할 수 있는 표현입니다.

Were you nervous?

월 유 너얼버쓰

긴장됐어요?

Were you scared?

월 유 스케얼드

무서웠어요?

Were you late for work?

월 유 레이트 펄 워얼크

회사에 늦으셨어요?

✓ 단어 체크

nervous [너얼버쓰] 긴장된 **scared** [스케얼드] 무서워하는
late [레이트] 늦은

● 빈칸에 단어를 넣어 배운 패턴을 연습해 보세요.

Were you [   ]?

[   ]였어요?

cold	surprised
코울드	썰프롸이즈드
추운	놀란

sleepy	busy
슬리-피	비지
졸리운	바쁜

● 대화 속에서 패턴을 연습해 보세요.

1 **Were you** cold?
월　유　코울드

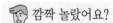 추웠어요?

 Yes, I was very cold.
예쓰, 아이 워즈　베뤼　코울드

네, 너무 추웠어요.

2 **Were you** surprised?
월　유　썰프롸이즈드

깜짝 놀랐어요?

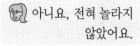 No, I wasn't surprised at all.
노우, 아이 워즌(트)　썰프롸이즈드　앳 어얼

아니요, 전혀 놀라지
않았어요.

● 다음 대화를 듣고 따라 말해보세요.

 Did you see the big dog *outside?
디쥬 씨- 더 빅 덕 아웃싸이드

 Yes, it *barked at me!
예쓰, 잇 바알크트 앳 미

 Were you scared?
월 유 스케얼드

 Yes, I was. It was very *loud.
예쓰, 아이 워즈. 잇 워즈 베뤼 라우드

 I think it's the neighbor's dog.
아이 씽크 잇츠 더 네이벌즈 덕

 I hope it stays away.
아이 호옾 잇 스테이즈 어웨이

 Me too. Let's stay inside.
미 투-. 렛츠 스테이 인사이드

 Good idea. I'm scared.
귿 아이디-어. 아임 스케얼드

밖에 그 큰 개 봤어요?
네, 저에게 짖었어요!
무서웠어요?
네, 무서웠어요. 너무 시끄러웠어요.
이웃집 강아지인 것 같아요.
가까이 오지 않았으면 좋겠어요.
저도요. 안에서 계시죠.
좋은 생각이에요. 무섭네요.

* · outside [아웃싸이드] 밖에
· bark [바알크] 짖다
· loud [라우드] (소리가) 큰

112

● 다음 문장을 듣고 따라 말해보세요.

무섭고 불안할 때

확신이 드는 상황에서 쓸 수 있는 표현을 익혀보세요.

I'm scared.
아임 스케얼드

무서워요.

It's too creepy.
잇츠 투- 크뤼-피

너무 으스스해요.

I want to leave now.
아이 원투 리-브 나우

지금 떠나고 싶어요.

I don't want to go there.
아이 도운(트) 원투 고우 데얼

거기 가고 싶지 않아요.

I'm not brave like you.
아임 낫 브뤠이브 라이크 유

전 당신처럼 용감하지 않아요.

I have a bad feeling.
아이 해브 어 배드 피일링

느낌이 안 좋아요.

> **Tip** 'I have a bad feeling.' 이 표현은 특정한 이유 없이 불안하게 느낄 때나 무언가 잘못될 것 같은 예감이 들 때 사용됩니다. 한국어의 '느낌이 안 좋다.'와 비슷한 의미라고 볼 수 있습니다.

Don't leave me alone.
도운(트) 리-브 미 얼로운

저를 혼자 두지 마요.

실력 다지기

● 주어진 단어의 의미로 적절한 것을 찾아 연결하세요.

nervous •   • 무서워하는

scared •   • 바쁜

busy •   • 긴장된

● 음원을 듣고, 빈칸에 알맞은 문장을 보기 에서 골라 번호를 쓰세요.

> 보기
>
> ① Did you know that?   ② Will you help me?
>
> ③ Were you scared?

Did you see the big dog outside?

Yes, it barked at me!

_____

Yes, I was. It was very loud.

I think it's the neighbor's dog.

I hope it stays away.

Me too. Let's stay inside.

Good idea. I'm scared.

● 다음 빈칸에 알맞은 단어를 보기 에서 골라 번호를 쓰세요.

> 보기
>
> ① creepy   ② scared   ③ feeling

· I'm _____.   무서워요.

· It's too _____.   너무 으스스해요.

· I have a bad _____.   느낌이 안 좋아요.

114

써보기 ✏️

● 문장을 2번씩 직접 써보고, 소리 내어 말해보세요.

1 긴장됐어요?　월 유 너얼버쓰

2 무서웠어요?　월 유 스케얼드

3 회사에 늦으셨어요?　월 유 레이트 펄 워얼크

4 깜짝 놀랐어요?　월 유 썰프롸이즈드

Unit
14

원어민 음원 듣기

Did you get enough sleep?

잠은 충분히 잤어요?

💬 과거에 무엇을 했는지
물을 수 있습니다.

💬 어떤 경험을 했는지
물을 수 있습니다.

● 오늘 학습할 패턴을 익혀보세요.

○○○ 했어요?
Did you ○○○?
디쥬 ○○○

Did you ~? [디쥬]는 상대방이 과거에 무엇을 했는지 물어보는 영어 패턴입니다.
뒤에 궁금한 내용을 동사 원형 형태로 넣어주세요.

Did you know that?
디쥬　　　노우　　　댓

그거 알고 있었어요?

Did you go on vacation?
디쥬　　　고우　언　　베이케이션

휴가 다녀오셨어요?

Did you finish your homework?
디쥬　　　피니쉬　　유얼　　호움워얼크　　숙제 다 하셨어요?

✓ 단어 체크

know [노우] 알다　　go on vacation [고우 언 베이케이션] 휴가를 가다
finish homework [피니쉬 호움워얼크] 숙제를 끝내다

패턴 연습하기

● 빈칸에 단어를 넣어 배운 패턴을 연습해 보세요.

Did you [   ]?

[   ] 했어요?

get sleep
겟　슬립

잠을 자다

lock
락

잠그다

hear
히얼

듣다

get up
겟　업

일어나다

● 대화 속에서 패턴을 연습해 보세요.

1 Did you get enough sleep?
디쥬　겟　이너프　슬립

 잠은 충분히 잤어요?

Yes, I slept well last night.
예쓰, 아이 슬렙트　웰 래스트 나이트

네, 어젯밤에는 잘 잤어요.

2 Did you hear the news?
디쥬　히얼 더 누-즈

 그 소식 들었어요?

No, what happened?
노우,　왓　해펀드

아니요, 무슨 일이에요?

119

● 다음 대화를 듣고 따라 말해보세요.

 I went to the zoo yesterday.
아이 **웬**(트) 투 더 주- 예스털데이

 That's nice! What did you see?
댓츠 **나**이쓰! 왓 디쥬 **씨**-

 I saw a big *elephant.
아이 **써**- 어 빅 **엘**러펀트

 I *heard elephants can't jump. Did you know that?
아이 **허**얼드 **엘**러펀츠 **캐**앤(트) **쥠**프. 디쥬 **노**우 **댓**

 Really? I didn't know that.
뤼-얼리? 아이 **디**든(트) **노**우 **댓**

 And they drink water with their *trunks.
앤 **데**이 **드링**크 **워**-털 윋 **데**얼 **츄렁**크쓰

 I wish I saw that.
아이 **위**쉬 아이 **써**- **댓**

 You should, next time. It's fun!
유 **슏**, 넥스트 **타**임. 잇츠 **펀**

저 어제 동물원에 갔어요.
좋은데요! 뭐 보셨어요?
큰 코끼리를 봤어요.
코끼리는 점프를 못 한다고 들었어요.
그거 알고 있었어요?
정말요? 몰랐어요.
그리고 그들은 코로 물을 마신다고 해요.
저도 보고 싶어요.
다음에 보세요. 재미있어요!

* · elephant [엘러펀트] 코끼리
· hear [히얼] 듣다
· trunk [츄렁크] (코끼리의) 코

회화 표현 확장하기

● 다음 문장을 듣고 따라 말해보세요.

추천하기

상대방에세 무언가를 추천할 때 쓸 수 있는 표현을 익혀보세요.

How about this? 이것은 어때요?
하우 어바웃 디쓰

You will love it. 진짜 좋아하실 거예요.
유 윌 러브 잇

You should try this. 이거 한 번 드셔보세요.
유 슌 츄롸이 디쓰

It is good for beginners. 초보자에게 좋아요.
잇 이즈 귿 펄 비기널즈

Why don't you try it? 한 번 해보는 게 어때요?
와이 돈츄 츄롸이 잇

This will suit your taste. 이건 당신 입맛에 맞을 거예요.
디쓰 월 수-트 유얼 테이스트

It worked for me! 그건 저에게 효과 있었어요!
잇 워억트 펄 미

> Tip 'work'는 '일하다' 외에도 '효과가 있다'라는 뜻으로도 많이 사용됩니다. 한국어 '배'도 타는 '배'와 먹는 '배', 신체 일부 중 하나인 '배' 이렇게 세 가지 의미로 사용될 수 있죠. 이렇게 자주 사용하는 단어들의 여러 가지 의미를 함께 기억해 주세요.

121

실력 다지기

● 주어진 단어의 의미로 적절한 것을 찾아 연결하세요.

go on vacation •　　　　　　　　• 일어나다

get sleep •　　　　　　　　　　• 잠을 자다

get up •　　　　　　　　　　　• 휴가를 가다

● 음원을 듣고, 빈칸에 알맞은 문장을 보기에서 골라 번호를 쓰세요.

> 보기
> ① Did you know that?　　② When do you open?
> ③ Are you sure?

I went to the zoo yesterday.

That's nice! What did you see?

I saw a big elephant.

I heard elephants can't jump. _____

Really? I didn't know that.

And they drink water with their trunks.

I wish I saw that.

You should, next time. It's fun!

● 다음 빈칸에 알맞은 단어를 보기에서 골라 번호를 쓰세요.

> 보기
> ① this　　② beginners　　③ taste

· How about _____? 이것은 어때요?

· It is good for _____. 초보자에게 좋아요.

· This will suit your _____. 이건 당신 입맛에 맞을 거예요.

122

써보기 ✏️

● 문장을 2번씩 직접 써보고, 소리 내어 말해보세요.

1 그거 알고 있었어요? 디쥬 노우 댓

2 휴가 다녀오셨어요? 디쥬 고우 언 베이케이션

3 숙제 다 하셨어요? 디쥬 피니쉬 유얼 호움워얼크

4 잠은 충분히 잤어요? 디쥬 겟 이너프 슬립

Why didn't you call me?

왜 전화하지 않았어요?

- 💬 특정 행동을 하지 않은 이유를
  물어볼 수 있습니다.

- 💬 상대방의 행동에 대한 해명을
  요청할 수 있습니다.

왜 저에게 전화하지 않았어요?

미안해요. 전화하는 것을 잊었어요.

● 오늘 학습할 패턴을 익혀보세요.

왜 ○○○하지 않았어요?

Why didn't you ○○○?

와이 디든츄 ○○○

Why didn't you ~? [와이 디든츄]는 왜 하지 않았는지 물어볼 때 사용할 수 있습니다. 단순히 이유를 물어볼 때 뿐만 아니라 비난하거나 책망하는 느낌으로도 쓸 수 있습니다.

Why didn't you wait?

와이   디든츄   웨이트

왜 안 기다리셨어요?

Why didn't you tell me?

와이   디든츄   텔 미

왜 저에게 말 안 했어요?

Why didn't you wake me?

와이   디든츄   웨이크 미

왜 저를 안 깨웠어요?

✓ 단어 체크

wait [웨이트] 기다리다   **tell** [텔] 말하다
wake [웨이크] 깨우다

● 빈칸에 단어를 넣어 배운 패턴을 연습해 보세요.

Why didn't you ⬚ ?

왜 ⬚ 하지 않았어요?

come
컴

오다

call
커얼

전화하다

follow advice
팔로우   어드바이쓰

충고를 따른다

eat lunch
잇   런취

점심을 먹다

● 대화 속에서 패턴을 연습해 보세요.

1 **Why didn't you call me?**

와이   디든츄   커얼 미

왜 저에게 전화하지 않았어요?

 I'm sorry. I forgot to call you.

아임 쏘어뤼. 아이 퍼얼갓 투 커얼 유

미안해요. 전화하는
것을 잊었어요.

2 **Why didn't you eat lunch?**

와이   디든츄   잇   런취

왜 점심을 먹지 않았어요?

 I wasn't hungry.

아이 워즌(트) 헝그뤼

배가 안 고팠어요.

● 다음 대화를 듣고 따라 말해보세요.

Hi, Adam! I saw cake in the *fridge.
하이, 애덤! 아이 써어 케이크 인 더 프뤼쥐

It's my birthday cake.
잇츠 마이 버얼쓰데이 케이크

Why didn't you tell me? We should *celebrate!
와이 디든츄 텔 미? 위 슛 쎌러브뤠이트

I'm sorry, I forgot.
아임 쏘어뤼. 아이 퍼얼갓

It's okay. Happy birthday!
잇츠 오우케이. 해피 버얼쓰데이

Thank you, Lily! Let's eat cake together.
쌩큐, 릴리! 렛츠 잇 케이크 터게덜

Is it chocolate *flavor?
이즈 잇 촤-클럿 플레이벌

Yes, it's your favorite!
예쓰, 잇츠 유얼 페이버륏

안녕 아담! 저 냉장고에 케이크를 봤는데요.
그거 제 생일 케이크에요.
왜 말 안 했어요? 우리 축하해야죠!
미안해요, 깜박했어요.
괜찮아요. 생일 축하해요!
고마워요, 릴리! 같이 케이크 먹어요.
초콜릿 맛인가요?
네, 당신이 가장 좋아하는 거예요!

* · fridge [프뤼쥐] 냉장고
· celebrate [쎌러브뤠이트] 축하하다
· flavor [플레이벌] 맛

● 다음 문장을 듣고 따라 말해보세요.

축하하기

기쁜 일을 축하할 때 사용하는 표현을 익혀보세요.

Happy Birthday! 　　　　　　　　　생일 축하해요!
해피　　버얼쓰데이

Enjoy your special day! 　　　　당신의 특별한 날을 즐겨요!
인조이　유얼　스페셜　데이

Blow out the candles! 　　　　　　　　촛불 끄세요!
블로우 아웃 더　　캔덜즈

> **Tip** 'Blow out the candles!'에서 'blow out'은 '불을 끄다'의 의미입니다. 케이크 위에 있는 촛불을 끈다는 의미로 사용됩니다. 생일 노래가 끝난 뒤 이 표현을 사용해 보세요.

I brought birthday cake. 　　제가 생일 케이크를 가져왔어요.
아이 브뤄-트　버얼쓰데이　케이크

It's my birthday today. 　　　　　　오늘 제 생일이에요.
잇츠 마이 버얼쓰데이　터데이

Did you have a good birthday? 　생일 잘 보내셨어요?
디쥬　　해브 어 귿　버얼쓰데이

Let's cut the cake. 　　　　　　　　케이크 잘라요.
렛츠 컷 더 케이크

129

실력 다지기

● 주어진 단어의 의미로 적절한 것을 찾아 연결하세요.

wake   •   • 충고를 따르다

follow advice   •   • 깨우다

eat lunch   •   • 점심을 먹다

● 음원을 듣고, 빈칸에 알맞은 문장을 보기 에서 골라 번호를 쓰세요.

> 보기
> ① Did you go on vacation?   ② Where do you work?
> ③ Why didn't you tell me?

Hi, Adam! I saw cake in the fridge.

It's my birthday cake.

_____ We should celebrate!

I'm sorry, I forgot.

It's okay. Happy birthday!

Thank you, Lily! Let's eat cake together.

Is it chocolate flavor?

Yes, it's your favorite!

● 다음 빈칸에 알맞은 단어를 보기 에서 골라 번호를 쓰세요.

> 보기
> ① Birthday   ② special day   ③ candles

· Happy _____!   생일 축하해요!

· Blow out the _____!   촛불 끄세요!

· Enjoy your _____!   당신의 특별한 날을 즐겨요!

써보기 ✏️

● 문장을 2번씩 직접 써보고, 소리 내어 말해보세요.

1 왜 안 기다리셨어요?　와이 디든츄 웨이트

2 왜 저에게 말 안했어요?　와이 디든츄 텔 미

3 왜 저를 안 깨웠어요?　와이 디든츄 웨이크 미

4 왜 점심을 먹지 않았어요?　와이 디든츄 잇 런취

Unit

16

원어민 음원 듣기

I was sleeping.

자고 있었어요.

💬 내가 하고 있었던 일을
말할 수 있습니다.

💬 특정 시점에 진행 중이었던 일을
말할 수 있습니다.

뭐 하고 있었어요?

자고 있었어요.

● 오늘 학습할 패턴을 익혀보세요.

○○○하고 있었어요.
I was ○○○ing.
아이 워즈 ○○○

I was ~ing [아이 워즈]는 과거의 특정 시점에 진행 중인 일을 말할 때 사용할 수 있습니다. 과거의 한순간에 집중해서 생생하게 말하는 느낌이 있습니다.

I was driving.
아이 워즈 드롸이빙

운전하고 있었어요.

I was taking a shower.
아이 워즈 테이킹 어 샤우얼

샤워하고 있었어요.

I was having breakfast.
아이 워즈 해빙 브뤡퍼스트

아침을 먹고 있었어요.

✓ 단어 체크

drive [드롸이브] 운전하다   take a shower [테이크 어 샤우얼] 샤워를 하다
have breakfast [해브 브뤡퍼스트] 아침을 먹다

● 빈칸에 단어를 넣어 배운 패턴을 연습해 보세요.

I was [   ]ing.
[   ]하고 있었어요.

sleep 슬립 잠을 자다	**take a nap** 테이크 어 냅 낮잠을 자다
read a book 뤼드 어 북 책을 읽다	**clean** 클리인 청소하다

● 대화 속에서 패턴을 연습해 보세요.

1 **What were you doing?**
왓　월　유　두잉　　　　　　　뭐 하고 있었어요?

 I was sleeping.
아이 워즈　슬리-핑　　　　　　자고 있었어요.

2 **Were you taking a nap?**
월　유　테이킹 어 냅　　　　　낮잠 자고 있었어요?

 No, I was reading a book.
노우, 아이 워즈　뤼-딩 어 북　아니요, 책을 읽고 있었어요.

135

● 다음 대화를 듣고 따라 말해보세요.

 Hey, Lily! I called you.
헤이, 릴리! 아이 커얼드 유

 Sorry! I was taking a shower.
쏘어뤼! 아이 워즈 테이킹 어 샤우얼

 No problem. Are you free now?
노우 프롸-블럼. 얼 유 프뤼- 나우

 Yes, I am. What's up?
예쓰, 아이 엠. 왓츠 업

 Do you want some ice cream?
두 유 원트 썸 아이쓰 크뤼임

 Yes, I love ice cream!
예쓰, 아이 러브 아이쓰 크뤼임

 I have two flavors at home. Do you want to *come over?
아이 해브 투 플레이벌즈 앳 호움. 두 유 원투 컴 오우벌

 I will go *right away!
아이 윌 고우 롸잇 어웨이

 릴리, 제가 전화했잖아요.
미안해요! 샤워하고 있었어요.
괜찮아요. 지금 시간 괜찮아요?
네, 괜찮아요. 무슨 일이에요?
아이스크림 드실래요?
네, 저 아이스크림 정말 좋아해요!
집에 두 가지 맛이 있어요. 올래요?
지금 바로 갈게요!

* · **come over** [컴 오우벌] ~에 들르다
· **right away** [롸잇 어웨이] 지금 바로, 당장

● 다음 문장을 듣고 따라 말해보세요.

청결 표현하기

청결 유지와 관련된 표현을 익혀보세요.

Wash your hands.
와-쉬 　유얼 　핸즈

손을 씻어요.

Let's clean up the room!
렛츠 　클리인 업 　더 　루움

방을 청소합시다!

> **Tip** 'Let's ~!'는 '~를 합시다!'라는 의미로 무언가를 상대방에게 제안할 때 사용합니다. 뒤에는 청소, 운동, 쇼핑 등 다 같이 하고 싶은 활동을 넣을 수 있습니다.

I washed my hair.
아이 **와쉬트** 　마이 **헤얼**

머리 감았어요.

I'm brushing my teeth.
아임 　브뤄싱 　마이 티-쓰

양치질 중이에요.

The floor is wet.
더 　플러얼 이즈 **웻**

마룻바닥이 젖었어요.

The trash can is full.
더 　츄뢔쉬 캔 이즈 플

쓰레기통이 꽉 찼어요.

I will wash the dishes.
아이 윌 **와쉬** 더 　디쉬즈

제가 설거지할게요.

실력 다지기

● 주어진 단어의 의미로 적절한 것을 찾아 연결하세요.

drive   •   • 청소하다

have breakfast •   • 아침을 먹다

clean   •   • 운전하다

● 음원을 듣고, 빈칸에 알맞은 문장을 보기에서 골라 번호를 쓰세요.

> 보기
> ① I was taking a shower.   ② I can hear you.
> ③ I'm afraid of snakes.

Hey, Lily! I called you.

Sorry! _____

No problem. Are you free now?

Yes, I am. What's up?

Do you want some ice cream?

Yes, I love ice cream!

I have two flavors at home. Do you want to come over?

I will go right away!

● 다음 빈칸에 알맞은 단어를 보기에서 골라 번호를 쓰세요.

> 보기
> ① teeth   ② hands   ③ full

· Wash your _____. 손을 씻어요.

· I'm brushing my _____. 양치질 중이에요.

· The trash can is _____. 쓰레기통이 꽉 찼어요.

써보기 ✏️

● 문장을 2번씩 직접 써보고, 소리 내어 말해보세요.

1 운전하고 있었어요.　아이 워즈 드롸이빙

2 샤워하고 있었어요.　아이 워즈 **테이킹** 어 샤우얼

3 아침을 먹고 있었어요.　아이 워즈 **해빙** 브뤡퍼스트

4 책을 읽고 있었어요.　아이 워즈 **뤼-딩** 어 북

Unit

17

원어민 음원 듣기

Will you help me?

저를 도와주시겠어요?

💬 미래의 계획이나 의도를
물을 수 있습니다.

💬 부탁을 하거나 요청을
할 수 있습니다.

● 오늘 학습할 패턴을 익혀보세요.

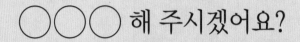

○○○ 해 주시겠어요?

Will you ○○○?

윌 유 ○○○

Will you ~? [윌 유]는 다른 사람에게 무언가를 부탁하거나, 미래에 어떤 행동을 할 것인지 물어볼 때 사용할 수 있습니다. 뒤에는 동사 원형을 사용해 주세요.

Will you marry me?

윌　유　매뤼　미

저와 결혼해 주시겠어요?

Will you take me there?

윌　유　테이크　미　데얼　　저를 거기까지 데려다주시겠어요?

Will you watch TV later?

윌　유　와-취　티-비-　레이털

나중에 TV 볼 거예요?

✓ **단어 체크**

marry [매뤼] 결혼하다　　**take** [테이크] 데리고 가다

watch TV [와-취 티-비-] 티비를 보다

패턴 연습하기

● 빈칸에 단어를 넣어 배운 패턴을 연습해 보세요.

Will you [　　　　　]?

[　　　　　] 해 주시겠어요?

help
헬프
돕다

go out with
고우 아웃 윋
~와 데이트를 하다

come to the party
컴 투 더 파알티
파티에 오다

join
조인
함께 하다

● 대화 속에서 패턴을 연습해 보세요.

1 **Will you** help me?
　월 유 헬프 미

저를 도와주시겠어요?

 Sure, what do you need?
슈얼, 왓 두 유 니드

그럼요, 뭐가 필요해요?

2 **Will you** join me for dinner?
　월 유 조인 미 펄 디널

저와 저녁 식사
같이 하실래요?

Yes, I'd love to.
예쓰, 아이드 러브 투

네, 좋아요.

소통하기

● 다음 대화를 듣고 따라 말해보세요.

 Did you hear about the new ice cream shop?
디쥬 히얼 어바웃 더 누우 아이쓰 크뤼임 샤압

 Yes, it's near the bus stop.
예쓰, 잇츠 니얼 더 버쓰 스타압

 I want to try it. Will you take me there?
아이 원투 츄롸이 잇. 윌 유 테이크 미 데얼

 Of course! Let's go after lunch.
어브 코얼쓰! 렛츠 고우 애프털 런취

 That's *perfect. Is the ice cream good?
댓츠 퍼얼픽트. 이즈 더 아이쓰 크뤼임 근

 It's very good! You will love it.
잇츠 베뤼 근! 유 윌 러브 잇

 ***I can't wait!**
아이 캐앤(트) 웨잇

 I feel the same way!
아이 피일 더 쌔임 웨이

🧑 새로 생긴 아이스크림 가게 소식 들었어요?
👩 네, 버스정류장 근처에 있다고 해요.
🧑 한번 먹어보고 싶네요. 저를 거기까지 데려다줄래요?
👩 물론이죠! 점심 먹고 가요.
🧑 딱이네요. 아이스크림 맛있나요?
👩 아주 맛있어요! 좋아하실 거예요.
🧑 너무 기대돼요!
👩 저도 그래요!

> *
> · perfect [퍼얼픽트] 완벽한
> · I can't wait! [아이 캐앤(트) 웨잇] 너무 기대돼요!

● 다음 문장을 듣고 따라 말해보세요.

맛 표현하기

음식을 먹고 맛을 표현할 때 사용하는 표현을 익혀보세요.

It's delicious.   맛있어요.
잇츠   딜리셔쓰

It's bitter.   쓰네요.
잇츠   비털

It's sour.   시큼해요.
잇츠 싸우얼

It's salty.   짜요.
잇츠 써얼티

It has a strong taste.   맛이 진해요.
잇 해즈 어 스트뤄엉 테이스트

It's bland.   싱거워요.
잇츠   블랜드

It tastes like heaven.   천상의 맛이네요.
잇 테이스츠 라익   헤번

> Tip 음식이 너무 맛있다면 'It tastes like heaven.' (천상의 맛이네요.)라고 말해보
> 세요. 'heaven'이라는 비유적인 표현을 사용하면서 맛있다는 것을 더욱 강조
> 할 수 있습니다.

실력 다지기

● 주어진 단어의 의미로 적절한 것을 찾아 연결하세요.

marry　　　　　　　　•　　　　　　　• 데리고 가다

take　　　　　　　　•　　　　　　　• 결혼하다

come to the party　•　　　　　　　• 파티에 오다

● 음원을 듣고, 빈칸에 알맞은 문장을 보기에서 골라 번호를 쓰세요.

> 보기
> ① Will you take me there?　② Do you like walking?
> ③ Are you ready?

Did you hear about the new ice cream shop?

Yes, it's near the bus stop.

I want to try it. _____

Of course! Let's go after lunch.

That's perfect. Is the ice cream good?

It's very good! You will love it.

I can't wait!

I feel the same way!

● 다음 빈칸에 알맞은 단어를 보기에서 골라 번호를 쓰세요.

> 보기
> ① heaven　② bitter　③ bland

· It's _____. 쓰네요.

· It's _____. 싱거워요.

· It tastes like _____. 천상의 맛이네요.

146

써보기 ✏️

● 문장을 2번씩 직접 써보고, 소리 내어 말해보세요.

1 저와 결혼해 주시겠어요? 월 유 매뤼 미

2 저를 거기까지 데려다주시겠어요? 월 유 테이크 미 데얼

3 나중에 TV 볼 거예요? 월 유 와-취 티-비- 레이털

4 저와 저녁 식사 같이 하실래요? 월 유 조인 미 펄 디널

Unit

18

원어민 음원 듣기

I can't wait to see you.

빨리 당신을 보고 싶어요.

💬 어떤 일이 기대된다고
말할 수 있습니다.

💬 무엇을 하기를 원한다고
말할 수 있습니다.

빨리 당신을 보고 싶어요.

저 또한 그래요.

● 오늘 학습할 패턴을 익혀보세요.

빨리 ○○○하고 싶어요.

I can't wait to ○○○.

아이 캐앤(트) 웨잇 투 ○○○

I can't wait to~ [아이 캐앤(트) 웨잇 투]는 어떤 일을 너무 기대하고 있어서 기다리기 어렵다는 것을 나타냅니다. 무언가를 하고 싶다고 할 때 'I want to ~' 대신 활용해 보세요.

I can't wait to read it.
빨리 읽고 싶어요.

아이 캐앤(트) 웨잇 투 뤼-드 잇

I can't wait to marry her.
빨리 그녀와 결혼하고 싶어요.

아이 캐앤(트) 웨잇 투 매뤼 헐

I can't wait to buy a computer.
빨리 컴퓨터를 사고 싶어요.

아이 캐앤(트) 웨잇 투 바이 어 컴퓨-털

✅ 단어 체크

read [뤼-드] 읽다 **marry** [매뤼] 결혼하다
buy [바이] 사다

150

● 빈칸에 단어를 넣어 배운 패턴을 연습해 보세요.

I can't wait to ☐.

빨리 ☐ 하고 싶어요.

see 씨 보다	**go on vacation** 고우 언 베이케이션 휴가를 가다
become 비컴 ~이 되다	**meet** 밋 만나다

● 대화 속에서 패턴을 연습해 보세요.

1 **I can't wait to** see you.

아이 캐앤(트) 웨잇 투 씨- 유

빨리 당신을 보고 싶어요.

 I feel the same way.

아이 피일 더 쌔임 웨이

저 또한 그래요.

2 **I can't wait to** go on vacation.

아이 캐앤(트) 웨잇 투 고우 언 베이케이션

빨리 휴가를 가고 싶어요.

 Where are you going?

웨얼 얼 유 고우잉

어디 가시는데요?

● 다음 대화를 듣고 따라 말해보세요.

 You seem happy today.
유 씨임 해피 터데이

 Yes, I am! I *proposed to Lily.
예쓰, 아이 엠! 아이 프뤄포우즈(드) 투 릴리

 Really? What did she say?
뤼-얼리? 왓 딛 쉬 쎄이

 She said yes! I can't wait to marry her.
쉬 쎄드 예쓰! 아이 캐앤(트) 웨잇 투 메뤼 헐

 That's great news. *Congratulations!
댓츠 그뤠잇 누-즈. 컨그뤠츄레이션즈

 Thank you. I'm really happy.
쌩큐. 아임 뤼-얼리 해피

 When is the wedding?
웬 이즈 더 웨딩

 We're thinking next summer.
위얼 씽킹 넥스트 써멀

오늘따라 행복해 보이네요.

맞아요! 릴리에게 청혼했거든요.

정말요? 뭐라고 했어요?

그녀가 승낙했어요! 빨리 그녀와 결혼하고 싶어요.

좋은 소식이네요. 축하드려요!

고마워요. 정말 행복해요.

결혼식은 언제죠?

저희는 내년 여름 생각하고 있어요.

- propose [프뤄포우즈] 청혼하다
- Congratulations! [컨그뤠츄레이션즈] 축하해요!

152

● 다음 문장을 듣고 따라 말해보세요.

사랑 표현하기

결혼, 연애와 같은 사랑을 표현할 수 있는 표현을 익혀보세요.

I'm in love. 아임 인 러브	사랑에 빠졌어요.
I have a crush on her. 아이 해브 어 크뤄쉬 언 헐	저는 그녀에게 반했어요.
She is my girlfriend. 쉬 이즈 마이 거얼프뤤드	그녀는 제 여자친구예요.
He is my boyfriend. 히 이즈 마이 보이프뤤드	그는 제 남자친구예요.
We're just friends. 위얼 줘스트 프뤤즈	우린 그냥 친구예요.
He is single. 히 이즈 씽걸	그는 미혼이에요.
It's our 3rd anniversary. 잇츠 아얼 써얼드 애니버얼써뤼	우리는 3주년이에요.

Tip 'anniversary'는 사귀기 시작한 날이나 결혼기념일 등과 같이 특정 날로부터 1년 이상 지난날을 기념하는 것을 말합니다. 앞에 숫자 표현을 활용해서 몇 번째 기념일인지 나타낼 수 있습니다.

실력 다지기

● 주어진 단어의 의미로 적절한 것을 찾아 연결하세요.

marry　　　　　　•　　　　　　　•　사다

buy　　　　　　　•　　　　　　　•　휴가를 가다

go on vacation　•　　　　　　　•　결혼하다

● 음원을 듣고, 빈칸에 알맞은 문장을 보기 에서 골라 번호를 쓰세요.

> 보기
> ① I can't wait to marry her.　② I'm afraid of the dark.
> ③ I used to be a teacher.

You seem happy today.

Yes, I am! I proposed to Lily.

Really? What did she say?

She said yes! _____

That's great news. Congratulations!

Thank you. I'm really happy.

When is the wedding?

We're thinking next summer.

● 다음 빈칸에 알맞은 단어를 보기 에서 골라 번호를 쓰세요.

> 보기
> ① girlfriend　② anniversary　③ single

· She is my _____. 그녀는 제 여자친구예요.

· He is _____. 그는 미혼이에요.

· It's our 3rd _____. 우리의 3주년이에요.

154

써보기 ✏️

● 문장을 2번씩 직접 써보고, 소리 내어 말해보세요.

1 빨리 읽고 싶어요.　아이 캐앤(트) 웨잇 투 뤼-드 잇

2 빨리 그녀와 결혼하고 싶어요.　아이 캐앤(트) 웨잇 투 매뤼 헐

3 빨리 컴퓨터를 사고 싶어요.　아이 캐앤(트) 웨잇 투 바이 어 컴퓨-털

4 빨리 당신을 보고 싶어요.　아이 캐앤(트) 웨잇 투 씨-유

원어민 음원 듣기

Are you hungry?

배고프세요?

💬 어떤 상태인지
   물어볼 수 있습니다.

💬 어떤 감정인지
   물어볼 수 있습니다.

배고프세요?

아니요, 점심을 방금 먹었어요.

● 오늘 학습할 패턴을 익혀보세요.

○○○이세요?

Are you ○○○?

얼 유 ○○○

Are you ~? [얼 유]는 상대방의 현재 상태나 감정을 물어볼 때 사용할 수 있습니다. 그 뒤에는 일반동사가 아니라 형용사를 쓴다는 것 꼭 기억해 주세요.

Are you sick?
얼　유　씩

아파요?

Are you sure?
얼　유　슈얼

확실한가요?

Are you full?
얼　유　플

배부르세요?

✓ 단어 체크

sick [씩] 아픈　　sure [슈얼] 확실한
full [플] 배부르게 먹은

패턴 연습하기

● 빈칸에 단어를 넣어 배운 패턴을 연습해 보세요.

Are you ______?

______이세요?

hungry 헝그뤼 배고픈	**ready** 뤠디 준비가 된
sad 쌔드 슬픈	**thirsty** 써얼스티 목이 마른

● 대화 속에서 패턴을 연습해 보세요.

1

Are you hungry?
얼 유 헝그뤼
배고프세요?

No, I just had lunch.
노우, 아이 줘스트 해드 런취
아니요, 점심을 방금 먹었어요.

2

Are you ready?
얼 유 뤠디
준비됐나요?

Yes, I am! Thank you for waiting.
예쓰, 아이 엠! 쌩큐 펄 웨이팅
네, 기다려 주셔서 고마워요.

● 다음 대화를 듣고 따라 말해보세요.

 How was the pasta?
하우 워즈 더 파-스터

 It was really *delicious.
잇 워즈 뤼-얼리 딜리셔쓰

 Are you *full?
얼 유 플

 Yes, I'm full.
예스, 아임 플

 I'm glad you liked it.
아임 글래드 유 라익트 잇

 Thank you for cooking.
쌩큐 퍼 크킹

 No problem! I enjoy cooking for friends.
노우 프롸-블럼! 아이 인조이 크킹 펄 프뤤즈

 Let's eat together again *soon.
렛츠 잇 터게덜 어겐 쑤운

파스타는 어땠어요?
정말 맛있었어요.
배부르세요?
네, 배불러요.
마음에 드셨다니 다행이네요.
요리해 주셔서 고마워요.
아니에요! 저는 친구들을 위해 요리하는 걸 즐겨요.
조만간 또 같이 식사해요.

* · delicious [딜리셔쓰] 맛있는
· full [플] 배부르게 먹은
· soon [쑤운] 곧, 조만간

160

● 다음 문장을 듣고 따라 말해보세요.

취미 묻고 답하기

취미를 묻고 답할 때 사용할 수 있는 표현을 익혀보세요.

What do you do for fun?   취미가 뭐예요?
왓   두   유   두   펄 펀

What do you do in your free time?   여가 시간에 뭐 하세요?
왓   두   유   두   인   유얼   프뤼-   타임

What do you usually do on weekends? 주말에 보통 뭐 해요?
왓   두   유   유-쥬얼리   두   언   위-켄즈

> **Tip** 취미를 물어볼 때 'What's your hobby?'는 조금 딱딱하게 느껴질 수 있습니다. 위의 3가지 표현을 사용하면 더 자연스럽게 상대방에게 취미를 물어볼 수 있습니다.

I do puzzles.   저는 퍼즐을 해요.
아이 두   퍼절즈

I enjoy trying something new.   저는 새로운 걸 시도하는 걸 즐겨요.
아이 인조이 츄롸잉   썸씽   누우

I'm into rock music.   저는 록 음악에 빠져 있어요.
아임 인투 롸악   뮤-직

I'm a big fan of winter sports.   저는 겨울 스포츠를 정말 좋아해요.
아임 어 빅 팬 어브 윈털 스포얼츠

실력 다지기

● 주어진 단어의 의미로 적절한 것을 찾아 연결하세요.

full   •   • 배부르게 먹은

hungry   •   • 목이 마른

thirsty   •   • 배고픈

● 음원을 듣고, 빈칸에 알맞은 문장을 보기 에서 골라 번호를 쓰세요.

> 보기
> ① Where do you come from?   ② Are you full?
> ③ Do you need help?

How was the pasta?

It was really delicious.

_____

Yes, I'm full.

I'm glad you liked it.

Thank you for cooking.

No problem! I enjoy cooking for friends.

Let's eat together again soon.

● 다음 빈칸에 알맞은 단어를 보기 에서 골라 번호를 쓰세요.

> 보기
> ① free time   ② something new   ③ winter sports

· What do you do in your _____?   여가 시간에 뭐 하세요?

· I enjoy trying _____.   저는 새로운 걸 시도하는 것을 즐겨요.

· I'm a big fan of _____.   저는 겨울 스포츠를 정말 좋아해요.

써보기 ✏️

● 문장을 2번씩 직접 써보고, 소리 내어 말해보세요.

1 아파요?　얼 유 씩

2 확실한가요?　얼 유 슈얼

3 배부르세요?　얼 유 플

4 준비됐나요?　얼 유 뤠디

Unit

20

원어민 음원 듣기

Do you need a ride?

태워 드릴까요?

💬 필요한 것이 무엇인지
물어볼 수 있습니다.

💬 요구사항이 있는지
물어볼 수 있습니다.

태워 드릴까요?

네, 부탁드릴게요.
사실 버스를 놓쳤거든요.

● 오늘 학습할 패턴을 익혀보세요.

○○○가 필요하세요?

Do you need ○○○?

두 유 니-드 ○○○

Do you need ~? [두 유 니-드]는 무엇을 필요로 하는지 물어볼 때 사용할 수 있습니다. 뒤에 상대방이 필요할 것 같은 것을 넣어 상대방에게 물어볼 수 있습니다.

Do you need a fork?
두   유   니-드   어   포얼크

포크가 필요하세요?

Do you need help?
두   유   니-드   헬프

도움이 필요하세요?

Do you need a receipt?
두   유   니-드   어   뤼씨-트

영수증 필요하세요?

✓ 단어 체크

fork [포얼크] 포크   **help** [헬프] 도움
receipt [뤼씨-트] 영수증

패턴 연습하기

● 빈칸에 단어를 넣어 배운 패턴을 연습해 보세요.

Do you need [   ]?

[   ]가 필요하세요?

ride 롸이드 타기, 타고 가기	**plastic bag** 플래스틱 백 비닐봉지
time 타임 시간	**money** 머니 돈

● 대화 속에서 패턴을 연습해 보세요.

1 **Do you need** a ride?
두 유   니-드 어 롸이드

태워 드릴까요?

 Yes, please. I missed my bus.
예쓰, 플리-즈. 아이 **미쓰트** 마이 **버쓰**

네, 부탁드릴게요.
사실 버스를 놓쳤거든요.

2 **Do you need** a plastic bag?
두 유   니-드 어 플래스틱 백

비닐봉지 필요하세요?

 No, I brought my own bag.
노우, 아이 브뤄-트 마이 오운 **백**

아니요, 제 가방을
가져왔어요.

167

● 다음 대화를 듣고 따라 말해보세요.

 Hi, Adam! You have many bags.
하이, 애덤! 유 해브 메니 백즈

 Hello, Lily! Yes, I went shopping.
헐로우, 릴리. 예쓰, 아이 웬트 샤-핑

 They look *heavy. Do you need help?
데이 륵 헤비. 두 유 니-드 헬프

 Oh, thank you! That's very kind.
오우, 쌩큐! 댓츠 베뤼 카인드

 Which one can I carry?
위취 원 캔 아이 캐뤼

 Can you take the big one?
캔 유 테이크 더 빅 원

 Sure! Let's go home now.
슈얼! 렛츠 고우 호움 나우

 Thank you again. It helps *a lot.
쌩큐 어겐. 잇 헬프스 어 랏

안녕, 아담! 가방이 많네요.

안녕, 릴리! 네, 쇼핑하러 갔었어요.

가방이 무거워 보이는데요. 도움이 필요하세요?

아, 고마워요! 정말 친절하시네요.

어떤 거 들어줄까요?

큰 가방 들어 줄래요?

물론이죠! 이제 집에 가요.

다시 한번 고마워요. 정말 도움이 돼요.

* heavy [헤비] 무거운
* a lot [어 랏] 많이, 정말

회화 표현 확장하기

● 다음 문장을 듣고 따라 말해보세요.

쇼핑하기

쇼핑을 할 때 쓸 수 있는 표현을 익혀보세요.

How much is it?
하우 머취 이즈 잇

얼마예요?

Do you have a smaller size?
두 유 해브 어 스멀럴 싸이즈

더 작은 사이즈로 있어요?

I'm just looking.
아임 줘스트 르킹

그냥 둘러보는 중이에요.

> **Tip** 쇼핑할 때 점원이 다가오면 괜히 부담스러운 경우가 한 번쯤은 있을 거예요.
> 그럴 때는 'I'm just looking, thank you.' (그냥 둘러보는 중이에요, 고마워요.)
> 라고 말하면 더 이상 물어보지 않을 거예요.

Can I try this on?
캔 아이 츄롸이 디쓰 언

이거 입어봐도 되나요?

That's too tight.
댓츠 투- 타이트

너무 꽉 끼네요.

Can I get a discount?
캔 아이 겟 어 디쓰카운트

할인을 받을 수 있을까요?

I will take it.
아이 윌 테이크 잇

이걸로 가져갈게요.

169

실력 다지기

● 주어진 단어의 의미로 적절한 것을 찾아 연결하세요.

receipt   ●   ● 시간

plastic bag ●   ● 비닐봉지

time   ●   ● 영수증

● 음원을 듣고, 빈칸에 알맞은 문장을 [보기] 에서 골라 번호를 쓰세요.

[보기]
         ① Do you need help?   ② Were you sleepy?
                   ③ Do you like your new job?

Hi, Adam! You have many bags.

Hello, Lily! Yes, I went shopping.

They look heavy. _____

Oh, thank you! That's very kind.

Which one can I carry?

Can you take the big one?

Sure! Let's go home now.

Thank you again. It helps a lot.

● 다음 빈칸에 알맞은 단어를 [보기] 에서 골라 번호를 쓰세요.

[보기]
            ① smaller size   ② discount   ③ tight

· Do you have a _____? 더 작은 사이즈로 있어요?

· That's too _____. 너무 꽉 끼네요.

· Can I get a _____? 할인을 받을 수 있을까요?

써보기 ✏️

● 문장을 2번씩 직접 써보고, 소리 내어 말해보세요.

1 포크가 필요하세요?   두 유 니-드 어 포얼크

2 도움이 필요하세요?   두 유 니-드 헬프

3 영수증 필요하세요?   두 유 니-드 어 뤼씨-트

4 태워 드릴까요?   두 유 니-드 어 롸이드

Unit

21

원어민 음원 듣기

Do you like Italian food?

이탈리아 음식 좋아하세요?

- 💬 상대방이 선호하는 것을
  물어볼 수 있습니다.

- 💬 특정 활동을 좋아하는지
  물어볼 수 있습니다.

이탈리아 음식 좋아하세요?

아니요, 저는 중국 음식을 좋아해요.

● 오늘 학습할 패턴을 익혀보세요.

○○○를 좋아하세요?

Do you like ○○○?

두 유 라익 ○○○

Do you like ~? [두 유 라익]은 무언가를 좋아하는지 물어볼 때 사용합니다. 이를 통해 상대방의 취향을 알 수 있습니다. 뒤에는 명사나 동사-ing 형태를 넣으면 됩니다.

··

Do you like animals?
두 유 라익 애니멀즈

동물을 좋아하세요?

Do you like cabbage?
두 유 라익 캐비쥐

양배추 좋아하세요?

Do you like walking?
두 유 라익 워-킹

걷는 것을 좋아하세요?

✓ 단어 체크

animal [애니멀] 동물   **cabbage** [캐비쥐] 양배추

walk [워-크] 걷다

174

● 빈칸에 단어를 넣어 배운 패턴을 연습해 보세요.

Do you like [   ]?

[   ]를 좋아하세요?

Italian food 이탤리언　푸드 이탈리아 음식	**new job** 누우　잡 새로운 일
dance 댄쓰 춤을 추다	**listen to music** 리쓴　투　뮤-직 음악을 듣다

● 대화 속에서 패턴을 연습해 보세요.

1 **Do you like** Italian food?
두　유　라익　이탤리언　푸드
　　　　　　　　　　　　　　이탈리아 음식 좋아하세요?

No, I don't. I like Chinese food.
노우, 아이 도운(트). 아이 라이크 좌이니-즈 푸-드
　　　　　　　　　　아니요, 저는 중국
　　　　　　　　　　음식을 좋아해요.

2 **Do you like** dancing?
두　유　라익　댄씽
　　　　　　　　　　　춤추는 것을 좋아하세요?

Yes, I love dancing!
예쓰, 아이 러브　댄씽
　　　　　　　　　네, 저는 춤추는 것을 좋아해요!

175

● 다음 대화를 듣고 따라 말해보세요.

Hi, Adam!

하이, 애덤

Hi, Lily! I *walked to school today.

하이, 릴리! 아이 웍(트) 투 스쿨 터데이

Really? Do you like walking?

뤼-얼리? 두 유 라이크 워-킹

Yes, I do! How about you?

예쓰, 아이 두! 하우 어바웃 유

I like it too. It's *healthy for me.

아이 라이크 잇 투-. 잇츠 헬씨 펄 미

Let's walk together *tomorrow.

렛츠 워-크 터게덜 터마-로우

Sure, let's do it!

슈얼, 렛츠 두 잇

안녕, 아담!
안녕 릴리! 저 오늘 학교에 걸어갔어요.
정말요? 걷는 거 좋아하세요?
네, 좋아해요! 당신은요?
저도 좋아해요. 건강에 좋아요.
내일 같이 걸어가요.
물론이죠, 같이 해요!

* walk [워-크] 걷다
* healthy [헬씨] 건강한
* tomorrow [터마-로우] 내일

● 다음 문장을 듣고 따라 말해보세요.

컨디션 표현하기

자신의 몸 상태를 표현할 수 있는 표현을 익혀보세요.

I have a cold.
아이 해브 어 코울드

감기에 걸렸어요.

> **Tip** 동사 'have'는 감기나 두통 같은 특정 질병을 '가지다'라는 의미로 사용할 수 있습니다. 'I have a cold.' (감기에 걸리다.)와 같은 표현은 많이 사용되니 꼭 익혀두세요.

I have a headache.
아이 해브 어 헤데이크

머리가 아파요.

I have a fever.
아이 해브 어 피-벌

열이 있어요.

I have a sore throat.
아이 해브 어 쏘얼 쓰로우트

목이 아파요.

I'm not feeling well.
아임 낫 피일링 웰

몸 상태가 안 좋아요.

I feel better.
아이 피일 베털

한결 나아졌어요.

I try to eat healthy food.
아이 츄롸이 투 잇 헬씨 푸-드

건강한 음식을 먹으려고 노력해요.

실력 다지기

● 주어진 단어의 의미로 적절한 것을 찾아 연결하세요.

cabbage   •   •   양배추

new job   •   •   춤을 추다

dance   •   •   새로운 일

● 음원을 듣고, 빈칸에 알맞은 문장을 보기 에서 골라 번호를 쓰세요.

> 보기
> ① Where do you have lunch?   ② Do you like walking?
> ③ Were you sleepy?

Hi, Adam!

Hi, Lily! I walked to school today.

Really? _____

Yes, I do! How about you?

I like it too. It's healthy for me.

Let's walk together tomorrow.

Sure, let's do it!

● 다음 빈칸에 알맞은 단어를 보기 에서 골라 번호를 쓰세요.

> 보기
> ① healthy food   ② fever   ③ sore throat

· I try to eat _____. 건강한 음식을 먹으려고 노력해요.

· I have a _____. 목이 아파요.

· I have a _____. 열이 있어요.

써보기 ✏️

● 문장을 2번씩 직접 써보고, 소리 내어 말해보세요.

1 동물을 좋아하세요? 두 유 라익 애니멀즈

2 양배추 좋아하세요? 두 유 라익 캐비쥐

3 걷는 것을 좋아하세요? 두 유 라익 워-킹

4 춤추는 것을 좋아하세요? 두 유 라익 댄씽?

Unit

22

원어민 음원 듣기

When do you get up?

언제 일어나세요?

💬 매일 하는 일이나 습관을
   물어볼 수 있습니다.

💬 계획된 일정이나 약속을
   물어볼 수 있습니다.

언제 일어나세요?

보통 아침 7시에 일어나요.

● 오늘 학습할 패턴을 익혀보세요.

언제 ○○○ 하세요?

When do you ○○○?

웬 두 유 ○○○

When do you ~? [웬 두 유]는 일상에서 반복적으로 하는 행동이나 습관을 언제 하는지 물어볼 때 사용할 수 있습니다. 뒤에는 동사 원형을 넣을 수 있습니다. 의문사 when에 강세를 주면서 문장을 시작해 보세요.

When do you have dinner?
웬 두 유 해브 디널

언제 저녁을 드세요?

When do you go to bed?
웬 두 유 고우 투 베드

언제 자러 가세요?

When do you open?
웬 두 유 오우펀

언제 문을 열어요?

✓ 단어 체크

have dinner [해브 디널] 저녁을 먹다　　**go to bed** [고우 투 베드] 자러 가다
open [오우펀] 열다

● 빈칸에 단어를 넣어 배운 패턴을 연습해 보세요.

When do you ☐?
언제 ☐ 하세요?

get up 겟 업 일어나다	**close** 클로우즈 문을 닫다
go to the gym 고우 투 더 쥠 헬스장에 가다	**do homework** 두 호움워얼크 숙제를 하다

● 대화 속에서 패턴을 연습해 보세요.

1 **When do you get up?**
　　웬　두　유　겟 업
　　　　　　　　　　　언제 일어나세요?

I usually get up at 7 in the morning.
아이 유-쥬얼리 겟 업 앳 쎄번 인 더 모얼닝
　　　　　　　　　　　보통 아침 7시에 일어나요.

2 **When do you close?**
　　웬　두　유　클로우즈
　　　　　　　　　　　언제 문을 닫아요?

We close at 5 p.m.
위 클로우즈 앳 파이브 피-엠
　　　　　　　　　　　저희는 오후 5시에 문을 닫습니다.

● 다음 대화를 듣고 따라 말해보세요.

I *always feel tired in the morning.
아이 어얼웨이즈 피일 타이얼드 인 더 모얼닝

When do you go to bed?
웬 두 유 고우 투 베드

I go to bed at *midnight.
아이 고우 투 베드 앳 미드나이트

That's late. That's why you're tired.
댓츠 레이트. 댓츠 와이 유얼 타이얼드

How about you?
하우 어바웃 유

I usually go to bed at 10 p.m.
아이 유-쥬얼리 고우 투 베드 앳 텐 피-엠

Really? That's so early. I should sleep earlier too.
뤼-얼리? 댓츠 쏘우 어얼리. 아이 슈드 슬리-프 어얼리얼 투-

Good idea! I hope you feel *better tomorrow.
귿 아이디-어! 아이 호웊 유 피일 베털 터마-로우

 저는 아침이 되면 항상 피곤해요.
 언제 자러 가세요?
 전 자정에 자러 가요.
 늦어요. 그래서 피곤한 거예요.
 당신은 어때요?
 저는 보통 오후 10시에 자러 가요.
 정말요? 정말 이르네요. 저도 좀 더 일찍 자야겠어요.
 좋은 생각이에요. 내일은 좀 나아지기를 바랄게요.

> *
> · always [어얼웨이즈] 항상
> · midnight [미드나이트] 자정
> · better [베털] 더 나은

● 다음 문장을 듣고 따라 말해보세요.

잠자리에서

잠들기 전에 쓸 수 있는 표현을 익혀보세요.

I'm sleepy.
아임   슬리-피

졸려요.

Good night!
근   나이트

잘자요!

Sweet dreams!
스윗   드뤼임즈

좋은 꿈 꾸세요!

I'm going to take a nap.
아임   고우잉   투 테이크 어 냅

낮잠을 잘 거예요.

Don't wake me up.
도운(트)   웨익   미   업

저 깨우지 마요.

Please turn off the lights.
플리-즈   터언 어-프 더   라잇츠

불을 꺼주세요.

I have to get up early.
아이 해브 투   겟 업 어얼리

일찍 일어나야 해요.

> **Tip** 'have to'는 하기 싫어도 해야 하는 강한 의무감을 나타냅니다. 'I have to get up early.'라고 하면 일정이 있어서 반드시 일찍 일어나야만 하는 것을 말합니다.

실력 다지기

● 주어진 단어의 의미로 적절한 것을 찾아 연결하세요.

have dinner   •

close   •

go to the gym •

     • 문을 닫다

     • 헬스장에 가다

     • 저녁을 먹다

● 음원을 듣고, 빈칸에 알맞은 문장을 보기 에서 골라 번호를 쓰세요.

> 보기
> ① Will you go out with me?   ② When do you go to bed?
> ③ Why didn't you tell me?

I always feel tired in the morning.

_____

I go to bed at midnight.

That's late. That's why you're tired.

How about you?

I usually go to bed at 10 p.m.

Really? That's so early. I should sleep earlier too.

Good idea! I hope you feel better tomorrow.

● 다음 빈칸에 알맞은 단어를 보기 에서 골라 번호를 쓰세요.

> 보기
> ① take a nap   ② sleepy   ③ Sweet dreams

· I'm _____. 졸려요.

· I'm going to _____. 낮잠을 잘 거예요.

· _____! 좋은 꿈 꾸세요!

써보기 ✏

● 문장을 2번씩 직접 써보고, 소리 내어 말해보세요.

1 언제 저녁을 드세요?　웬 두 유 해브 디널

2 언제 자러 가세요?　웬 두 유 고우 투 베드

3 언제 문을 열어요?　웬 두 유 오우펀

4 언제 문을 닫아요?　웬 두 유 클로우즈

Unit
23

원어민 음원 듣기

Where do you live?

어디 사세요?

💬 활동하는 장소를
   물어볼 수 있습니다.

💬 일정이나 약속 장소를
   물어볼 수 있습니다.

어디 사세요?

저는 서울에 살아요.

● 오늘 학습할 패턴을 익혀보세요.

어디서 ○○○하세요?

Where do you ○○○?

웨얼 두 유 ○○○

Where do you ~? [웨얼 두 유]는 어디서 어떤 일을 하는지 알고 싶을 때 사용할 수 있습니다. 뒤에는 동사의 원형을 넣을 수 있습니다. 의문사 **where**에 강세를 주면서 문장을 시작해보세요.

Where do you work?
웨얼　두　유　워얼크

어디서 일하세요?

Where do you come from?
웨얼　두　유　컴　프룀

어디에서 왔어요?

Where do you have lunch?
웨얼　두　유　해브　런취

어디서 점심을 드세요?

✓ 단어 체크

work [워얼크] 일하다　**come from** [컴 프룀] ~출신이다

have lunch [해브 런취] 점심을 먹다

● 빈칸에 단어를 넣어 배운 패턴을 연습해 보세요.

Where do you ⬚ ?

어디서 ⬚ 하세요?

live 리브 살다	**do yoga** 두　요우거 요가를 하다
work out 워얼크　아웃 운동하다	**park** 파알크 주차하다

● 대화 속에서 패턴을 연습해 보세요.

1 **Where do you live?**
　　웨얼　두　유　리브

 어디 사세요?

I live in Seoul.
아이 리브 인 쏘울

저는 서울에 살아요.

2 **Where do you do yoga?**
　　웨얼　두　유　두　요우거

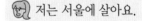 어디서 요가를 하세요?

I do yoga at home.
아이 두 요우거 앳　호움

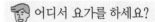 저는 집에서 요가를 해요.

191

소통하기

● 다음 대화를 듣고 따라 말해보세요.

 Hi! How was your day?

하이! 하우 워즈 유얼 데이

 Hello! It was good, thank you. How about yours?

헐로우! 잇 워즈 귿, 쌩큐. 하우 어바웃 유얼즈

 Not bad. *By the way, where do you work?

낫 배드. 바이 더 웨이, 웨얼 두 유 워얼크

 I work at a bookstore near the station.

아이 워얼크 앳 어 븍스토얼 니얼 더 스테이션

 Oh, that sounds fun! I like reading books.

오우, 댓 싸운즈 펀! 아이 라익 륀-딩 븍스

 Me too! You should visit sometime.

미- 투-! 유 슏 비짓 썸타임

 Sure! Can you *recommend a book?

슈얼! 캔 유 뤠커멘드 어 븍

 Yes! How about 'The Little Prince'?

예쓰! 하우 어바웃 '더 리틀 프륀쓰'

 안녕하세요! 오늘 하루 어땠어요?
 안녕하세요! 좋았어요. 고마워요, 당신은 어땠어요?
 나쁘지 않았어요. 그나저나, 어디서 일해요?
 저는 역 근처에 있는 서점에서 일해요.
 오, 재밌겠네요! 저 책 읽는 거 좋아해요.
 저도요! 언제 한 번 와요.
 물론이죠! 책 추천해 줄 수 있어요?
 네! '어린 왕자'는 어때요?

* · by the way [바이 더 웨이] 그런데
· recommend [뤠커멘드] 추천하다

192

● 다음 문장을 듣고 따라 말해보세요.

업무 표현하기

일과 관련하여 사용할 수 있는 표현을 익혀보세요.

Where is your office?　　　　사무실이 어디에 있어요?

웨얼　이즈　유얼　어-피쓰

I'm stressed out at work. 저는 업무 스트레스를 받고 있어요.

아임　스트뤠스트　아웃 앳　워얼크

> Tip 'stressed out'은 매우 심적인 압박을 받을 때 사용할 수 있습니다. 뒤에 스트레스 받는 장소를 추가하여 표현할 수 있습니다. 예를 들어, 'at work'를 더해서 직장에서 스트레스를 받는다고 말할 수 있습니다.

I'm working from home.　　　저는 재택근무 중이에요.

아임　워얼킹　프뤔　호움

I'm going on a business trip.　저는 출장을 갈 거예요.

아임　고우잉 언 어　비즈너쓰　츄립

How do you like your job?　　직장 생활은 어때요?

하우 두 유 라익 유얼 좝

Do you like your new job?　　새 일은 마음에 들어요?

두 유 라익 유얼 누우 좝

How about a drink after work? 퇴근 후에 한 잔 어때요?

하우　어바웃 어 드륑크 애프털 워얼크

실력 다지기

● 주어진 단어의 의미로 적절한 것을 찾아 연결하세요.

work   •

do yoga   •

work out   •

       • 운동하다

       • 요가를 하다

       • 일하다

● 음원을 듣고, 빈칸에 알맞은 문장을 보기 에서 골라 번호를 쓰세요.

> 보기
>
> ① where do you work?   ② do you like your new job?
>
> ③ are you thirsty?

Hi! How was your day?

Hello! It was good, thank you. How about yours?

Not bad. By the way, _____

I work at a bookstore near the station.

Oh, that sounds fun! I like reading books.

Me too! You should visit sometime.

Sure! Can you recommend a book?

Yes! How about 'The Little Prince'?

● 다음 빈칸에 알맞은 단어를 보기 에서 골라 번호를 쓰세요.

> 보기
>
> ① office   ② home   ③ new job

· Where is your _____? 사무실이 어디에 있어요?

· I'm working from _____. 저는 재택근무 중이에요.

· Do you like your _____? 새 일은 마음에 들어요?

써보기 ✏️

● 문장을 2번씩 직접 써보고, 소리 내어 말해보세요.

1 어디서 일하세요?   웨얼 두 유 워얼크

2 어디에서 왔어요?   웨얼 두 유 컴 프룀

3 어디서 점심을 드세요?   웨얼 두 유 해브 런취

4 어디 사세요?   웨얼 두 유 리브

Unit

24

원어민 음원 듣기

What kind of music do you like?

어떤 종류의 음악을 좋아하나요?

💬 어떤 종류인지
    물어볼 수 있습니다.

💬 상대방의 관심사를
    물어볼 수 있습니다.

어떤 종류의 음악을 좋아하나요?

저는 팝 음악을 좋아해요.

● 오늘 학습할 패턴을 익혀보세요.

어떤 종류의 ◯◯◯인가요?

What kind of ◯◯◯?

왓 카인드 어브 ◯◯◯

What kind of ~? [왓 카인드 어브]는 어떤 종류인지 물어볼 때 사용할 수 있습니다. 'kind'는 '종류, 유형'을 뜻합니다. 상대방의 관심사를 물어볼 때 이 표현을 활용해 보세요.

What kind of sports do you like?

왓 카인드 어브 스포얼츠 두 유 라익

어떤 종류의 스포츠를 좋아하세요?

What kind of work do you do?

왓 카인드 어브 워얼크 두 유 두

어떤 종류의 일을 하세요?

What kind of shampoo do you use?

왓 카인드 어브 샘푸- 두 유 유-즈

어떤 종류의 샴푸를 쓰세요?

✓ 단어 체크

sport [스포얼트] 스포츠 **work** [워얼크] 일
shampoo [샘푸-] 샴푸

● 빈칸에 단어를 넣어 배운 패턴을 연습해 보세요.

What kind of ⬚⬚⬚ ?
어떤 종류의 ⬚⬚⬚ 인가요?

music 뮤-직 음악	**room** 루-움 방
soup 수-프 수프	**book** 북 책

● 대화 속에서 패턴을 연습해 보세요.

1 **What kind of music do you like?**
왓 카인드 어브 뮤-직 두 유 라익

어떤 종류의
음악을 좋아하나요?

 I like pop music.
아이 라익 팝 뮤-직

저는 팝 음악을 좋아해요.

2 **What kind of room do you want?**
왓 카인드 어브 루-움 두 유 원트

어떤 종류의
방을 원하세요?

I want a room with a nice view.
아이 원트 어 루-움 윌 어 나이쓰 뷰-

전망 좋은 방을
원해요.

● 다음 대화를 듣고 따라 말해보세요.

 What kind of sports do you like?

왓 카인드 어브 스포얼츠 두 유 라익

 I like baseball.

아이 라익 베이쓰버얼

 Really? I like baseball too!

뤼-얼리? 아이 라익 베이쓰버얼 투-

 That's great! Do you *watch games?

댓츠 그뤠잇! 두 유 와-취 게임즈

 Yes, I watch baseball on TV. Do you play baseball?

예쓰, 아이 와-취 베이쓰버얼 언 티-비-. 두 유 플레이 베이쓰버얼

 I do! I play baseball with my friends *every Sunday.

아이 두! 아이 플레이 베이쓰버얼 윋 마이 프뤤즈 에브뤼 썬데이

 That sounds fun! Can I *join next time?

댓 싸운즈 펀! 캔 아이 조인 넥스트 타임

 Of course, feel free to join!

어브 코얼쓰, 피일 프뤼- 투 조인

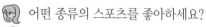

어떤 종류의 스포츠를 좋아하세요?

저는 야구를 좋아해요.

정말요? 저도 야구 좋아해요!

잘됐네요! 혹시 경기도 보나요?

네, TV로 야구를 봐요. 야구 경기도 하나요?

네! 매주 일요일에 친구들하고 해요.

재밌을 것 같네요! 다음에 참여해도 될까요?

물론이죠, 언제든지 와서 같이 해요.

* · watch [와-취] 보다
· every [에브뤼] ~마다
· join [조인] 참여하다

● 다음 문장을 듣고 따라 말해보세요.

운동 표현하기

관심있는 운동을 나타낼 수 있는 표현을 익혀보세요.

Do you play tennis?
두 유 플레이 테니쓰

테니스 치세요?

He runs every morning.
히 뤈즈 에브뤼 모얼닝

그는 매일 아침 달려요.

I joined a gym.
아이 조인드 어 쥠

저는 헬스장에 등록했어요.

> **Tip** '헬스장'은 영어로 'gym'이라고 합니다. 'join'은 '(헬스장, 단체 등)에 가입하
> 다'의 의미로 사용되는데, 'join a gym'이라고 하면 '헬스장에 가입하다, 등록
> 하다'의 표현입니다.

Let's watch the game!
렛츠 와-취 더 게임

경기를 봅시다!

How often do you exercise?
하우 어-편 두 유 엑쎌싸이즈

얼마나 자주 운동 하세요?

The game was exciting!
더 게임 워즈 익싸이팅

그 경기는 흥미진진했어요!

Who won the game?
후- 원 더 게임

누가 그 경기에서 이겼나요?

실력 다지기

● 주어진 단어의 의미로 적절한 것을 찾아 연결하세요.

music •   • 수프

room •   • 음악

soup •   • 방

● 음원을 듣고, 빈칸에 알맞은 문장을 보기 에서 골라 번호를 쓰세요.

> 보기
> ① Were you nervous?　② Did you know that?
> ③ What kind of sports do you like?

👩 _____

👨 I like baseball.

👩 Really? I like baseball too!

👨 That's great! Do you watch games?

👩 Yes, I watch baseball on TV. Do you play baseball?

👨 I do! I play baseball with my friends every Sunday.

👩 That sounds fun! Can I join next time?

👨 Of course, feel free to join!

● 다음 빈칸에 알맞은 단어를 보기 에서 골라 번호를 쓰세요.

> 보기
> ① play tennis　② exciting　③ How often

· Do you _____? 테니스 치세요?

· _____ do you exercise? 얼마나 자주 운동하세요?

· The game was _____. 그 경기는 흥미진진했어요.

써보기 ✏️

● 문장을 2번씩 직접 써보고, 소리 내어 말해보세요.

1 어떤 종류의 스포츠를 좋아하세요? 왓 카인드 어브 스포얼츠 두 유 라익

2 어떤 종류의 일을 하세요? 왓 카인드 어브 워얼크 두 유 두

3 어떤 종류의 샴푸를 쓰세요? 왓 카인드 어브 샴푸- 두 유 유-즈

4 어떤 종류의 방을 원하세요? 왓 카인드 어브 루움 두 유 원트

정답

실력 다지기

● 주어진 단어의 의미로 적절한 것을 찾아 연결하세요.

creative — 창의적인
tired — 피곤한
bored — 지루한

● 음원을 듣고, 빈칸에 알맞은 문장을 보기에서 골라 번호를 쓰세요.

보기
① I'm Adam. ② I feel like pasta.
③ I can't wait to read it.

Hello. My name is Lily.
Hi, Lily. ① ①
Nice to meet you, Adam.
Nice to meet you, too.
Do you live around here?
Yes, I live 5 minutes away from here.
That's close! I live near the park.
I know that place. We are neighbors!

● 다음 빈칸에 알맞은 단어를 보기에서 골라 번호를 쓰세요.

보기
① morning ② afternoon ③ evening

· Good ① . 안녕하세요. (아침 인사)
· Good ② . 안녕하세요. (점심 인사)
· Good ③ . 안녕하세요. (저녁 인사)

18

써보기

● 문장을 2번씩 직접 써보고, 소리 내어 말해보세요.

1 저는 아담이에요. 아임 애덤
I'm Adam.

2 저는 배고파요. 아임 헝그뤼
I'm hungry.

3 저는 창의적이에요. 아임 크뤼에이티브
I'm creative.

4 저는 피곤해요. 아임 타이얼드
I'm tired.

19

실력 다지기

● 주어진 단어의 의미로 적절한 것을 찾아 연결하세요.

cook — 요리하다
history — 요가
yoga — 역사

● 음원을 듣고, 빈칸에 알맞은 문장을 보기에서 골라 번호를 쓰세요.

보기
① I can run fast. ② I'm into movies.
③ I used to live here.

What do you like to do?
② ②
Oh, nice! What kind of movies do you like?
I like action movies.
Do you have a favorite movie?
Yes, 'Toy Story' is my favorite.
Do you watch it often?
Yes, at least once a year.

● 다음 빈칸에 알맞은 단어를 보기에서 골라 번호를 쓰세요.

보기
① serious ② deserve ③ mind

· You ② it. 넌 그럴 자격있어.
· Are you ① ? 진심이에요?
· You read my ③ . 제 마음을 읽었네요.

26

써보기

● 문장을 2번씩 직접 써보고, 소리 내어 말해보세요.

1 저는 패션에 빠져 있어요. 아임 인투 패션
I'm into fashion.

2 저는 영화에 빠져 있어요. 아임 인투 무-비즈
I'm into movies.

3 저는 요리하는 것에 빠져 있어요. 아임 인투 크킹
I'm into cooking.

4 저는 역사에 빠져 있어요. 아임 인투 히스토뤼
I'm into history.

27

204

실력 다지기

● 주어진 단어의 의미로 적절한 것을 찾아 연결하세요.

learn English ● ● 영어를 배우다
sport ● ● 결혼
marriage ● ● 스포츠

● 음원을 듣고, 빈칸에 알맞은 문장을 보기에서 골라 번호를 쓰세요.

보기
① I wish I could join you. ② I have a book.
③ I'm interested in cooking.

🗣 What do you do in your free time?
🗣 ___③___
🗣 That's nice! What did you cook recently?
🗣 I made some pasta. How about you?
🗣 I'm not good at cooking. I usually eat out.
🗣 I can show you a few simple dishes.
🗣 I'd love that! Thank you.
🗣 It will be fun!

● 다음 빈칸에 알맞은 단어를 보기에서 골라 번호를 쓰세요.

보기
① job ② good idea ③ natural

· Good ___①___ . 잘했어요.
· You're a ___③___ . 타고났네요.
· That's a ___②___ . 좋은 생각이에요.

34

써보기 ✏

● 문장을 2번씩 직접 써보고, 소리 내어 말해보세요.

1 저는 당신에게 관심이 있어요. 아임 인터뤠스티딘 유

 I'm interested in you.

2 저는 요리하는 것에 관심이 있어요. 아임 인터뤠스티딘 크킹

 I'm interested in cooking.

3 저는 영어 배우는 것에 관심이 있어요. 아임 인터뤠스티딘 러얼닝 잉글리쉬

 I'm interested in learning English.

4 저는 정원을 가꾸는 것에 관심이 있어요. 아임 인터뤠스티딘 가알드닝

 I'm interested in gardening.

35

실력 다지기

● 주어진 단어의 의미로 적절한 것을 찾아 연결하세요.

snake ● ● 어둠, 암흑
height ● ● 높이
dark ● ● 뱀

● 음원을 듣고, 빈칸에 알맞은 문장을 보기에서 골라 번호를 쓰세요.

보기
① I was sleeping. ② I used to have a dog.
③ I'm afraid of failure.

🗣 I want to try something new, but I'm nervous.
🗣 Why are you nervous?
🗣 ___③___
🗣 Everyone fails sometimes. It's okay.
🗣 But what if I make a mistake.
🗣 Just do your best. Everyone learns from mistakes.
🗣 Thanks for helping me.
🗣 Don't mention it.

● 다음 빈칸에 알맞은 단어를 보기에서 골라 번호를 쓰세요.

보기
① regret ② over ③ disappointed

· I feel ___①___ . 후회가 돼요.
· I'm ___③___ . 저 실망했어요.
· It's all ___②___ . 이제는 틀렸어요.

42

써보기 ✏

● 문장을 2번씩 직접 써보고, 소리 내어 말해보세요.

1 저는 벌을 무서워해요. 아임 어프뤠이드 어브 비-즈

 I'm afraid of bees.

2 저는 실패를 무서워해요. 아임 어프뤠이드 어브 페일리얼

I'm afraid of failure.

3 저는 실수하는 것을 무서워해요. 아임 어프뤠이드 어브 메이킹 미스테잌쓰

I'm afraid of making mistakes.

4 저는 높은 곳을 무서워해요. 아임 어프뤠이드 어브 하잇츠

 I'm afraid of heights.

43

205

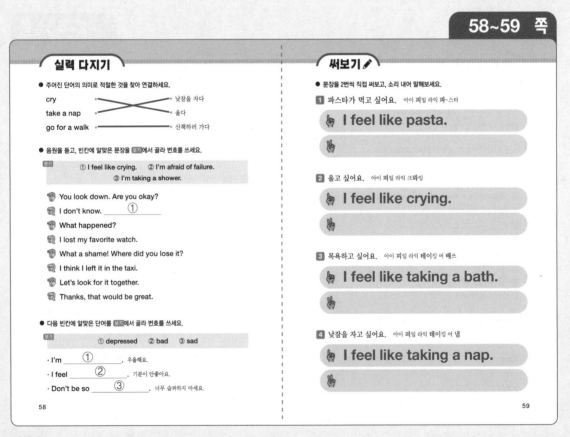

정답

50~51 쪽

실력 다지기

● 주어진 단어의 의미로 적절한 것을 찾아 연결하세요.

- secret — 비밀
- question — 질문
- meeting — 회의

● 음원을 듣고, 빈칸에 알맞은 문장을 보기에서 골라 번호를 쓰세요.

보기 ① I know how to drive. ② I have a question. ③ I'm cold.

Hello, I'm new here.
Hi! How can I help you?
② Where can I buy a ticket?
There is a ticket office around the corner.
Thank you so much!
No problem. Do you have any other questions?
Not for now. I appreciate it.
You're welcome! Enjoy your time here.

● 다음 빈칸에 알맞은 단어를 보기에서 골라 번호를 쓰세요.

보기 ① owe ② everything ③ have to

- Thank you for ②. 여러 가지로 고마워요.
- I ① you one. 제가 신세 졌네요.
- You don't ③. 이러지 않으셔도 돼요.

50

써보기

● 문장을 2번씩 직접 써보고, 소리 내어 말해보세요.

1 저는 책을 가지고 있어요. 아이 해브 어 북
I have a book.

2 저는 비밀이 있어요. 아이 해브 어 씨-크륏
I have a secret.

3 저는 질문이 있어요. 아이 해브 어 퀘스천
I have a question.

4 저는 남자 형제가 두 명 있어요. 아이 해브 투 브뤄덜즈
I have two brothers.

51

58~59 쪽

실력 다지기

● 주어진 단어의 의미로 적절한 것을 찾아 연결하세요.

- cry — 울다
- take a nap — 낮잠을 자다
- go for a walk — 산책하러 가다

● 음원을 듣고, 빈칸에 알맞은 문장을 보기에서 골라 번호를 쓰세요.

보기 ① I feel like crying. ② I'm afraid of failure. ③ I'm taking a shower.

You look down. Are you okay?
I don't know. ①
What happened?
I lost my favorite watch.
What a shame! Where did you lose it?
I think I left it in the taxi.
Let's look for it together.
Thanks, that would be great.

● 다음 빈칸에 알맞은 단어를 보기에서 골라 번호를 쓰세요.

보기 ① depressed ② bad ③ sad

- I'm ①. 우울해요.
- I feel ②. 기분이 안좋아요.
- Don't be so ③. 너무 슬퍼하지 마세요.

58

써보기

● 문장을 2번씩 직접 써보고, 소리 내어 말해보세요.

1 파스타가 먹고 싶어요. 아이 피일 라익 파-스터
I feel like pasta.

2 울고 싶어요. 아이 피일 라익 크롸잉
I feel like crying.

3 목욕하고 싶어요. 아이 피일 라익 테이킹 어 배쓰
I feel like taking a bath.

4 낮잠을 자고 싶어요. 아이 피일 라익 테이킹 어 냅
I feel like taking a nap.

59

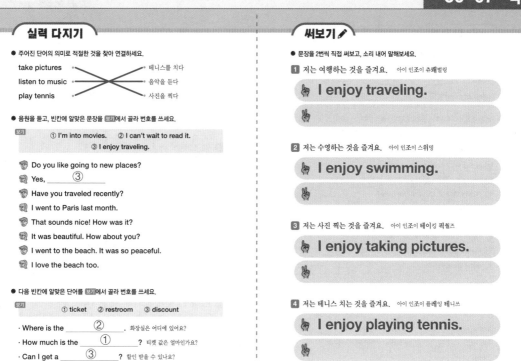

실력 다지기

● 주어진 단어의 의미로 적절한 것을 찾아 연결하세요.

take pictures — 테니스를 치다
listen to music — 음악을 듣다
play tennis — 사진을 찍다

● 음원을 듣고, 빈칸에 알맞은 문장을 보기에서 골라 번호를 쓰세요.

보기
① I'm into movies.   ② I can't wait to read it.
③ I enjoy traveling.

Do you like going to new places?
Yes, ____③____
Have you traveled recently?
I went to Paris last month.
That sounds nice! How was it?
It was beautiful. How about you?
I went to the beach. It was so peaceful.
I love the beach too.

● 다음 빈칸에 알맞은 단어를 보기에서 골라 번호를 쓰세요.

보기
① ticket   ② restroom   ③ discount

· Where is the ____②____ . 화장실은 어디에 있어요?
· How much is the ____①____ ? 티켓 값은 얼마인가요?
· Can I get a ____③____ ? 할인 받을 수 있나요?

써보기 ✏

● 문장을 2번씩 직접 써보고, 소리 내어 말해보세요.

1 저는 여행하는 것을 즐겨요.   아이 인조이 츄래벌링
✌ I enjoy traveling.

2 저는 수영하는 것을 즐겨요.   아이 인조이 스위밍
✌ I enjoy swimming.

3 저는 사진 찍는 것을 즐겨요.   아이 인조이 테이킹 픽쳐스
✌ I enjoy taking pictures.

4 저는 테니스 치는 것을 즐겨요.   아이 인조이 플레잉 테니쓰
✌ I enjoy playing tennis.

66

67

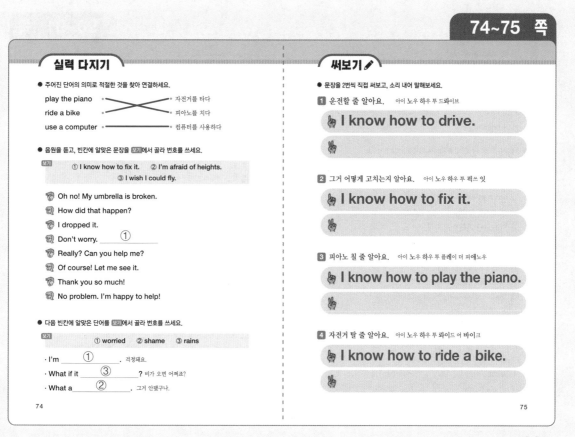

실력 다지기

● 주어진 단어의 의미로 적절한 것을 찾아 연결하세요.

play the piano — 자전거를 타다
ride a bike — 피아노를 치다
use a computer — 컴퓨터를 사용하다

● 음원을 듣고, 빈칸에 알맞은 문장을 보기에서 골라 번호를 쓰세요.

보기
① I know how to fix it.   ② I'm afraid of heights.
③ I wish I could fly.

Oh no! My umbrella is broken.
How did that happen?
I dropped it.
Don't worry. ____①____
Really? Can you help me?
Of course! Let me see it.
Thank you so much!
No problem. I'm happy to help!

● 다음 빈칸에 알맞은 단어를 보기에서 골라 번호를 쓰세요.

보기
① worried   ② shame   ③ rains

· I'm ____①____ . 걱정돼요.
· What if it ____③____ ? 비가 오면 어쩌죠?
· What a ____②____ . 그거 안됐구나.

써보기 ✏

● 문장을 2번씩 직접 써보고, 소리 내어 말해보세요.

1 운전할 줄 알아요.   아이 노우 하우 투 드롸이브
✌ I know how to drive.

2 그거 어떻게 고치는지 알아요.   아이 노우 하우 투 픽쓰 잇
✌ I know how to fix it.

3 피아노 칠 줄 알아요.   아이 노우 하우 투 플레이 더 피애노우
✌ I know how to play the piano.

4 자전거 탈 줄 알아요.   아이 노우 하우 투 롸이드 어 바이크
✌ I know how to ride a bike.

74

75

정답

실력 다지기

● 주어진 단어의 의미로 적절한 것을 찾아 연결하세요.

play soccer ———————— 축구를 하다
smoke ⤬ 강아지를 키우다
have a dog ⤬ 담배를 피우다

● 음원을 듣고, 빈칸에 알맞은 문장을 보기에서 골라 번호를 쓰세요.

보기
① I used to live here.　② I have a question.
③ I'm into cooking.

🧑 Is this your first time here?
🧑 No, ___①___
🧑 Really? When did you live here?
🧑 About 10 years ago.
🧑 Welcome back!
🧑 Thanks! I've really missed the food.
🧑 I know a great restaurant. Do you want to try it?
🧑 Sure! Where is it?

● 다음 빈칸에 알맞은 단어를 보기에서 골라 번호를 쓰세요.

보기
① go Dutch　② ready　③ share

· Let's ___③___ the food. 음식 나눠 먹어요.
· We're ___②___ to order. 저희 주문할 준비됐어요.
· Let's ___①___ . 우리 각자 내요.

82

써보기 ✏

● 문장을 2번씩 직접 써보고, 소리 내어 말해보세요.

1 저는 축구를 하곤 했어요.　아이 유스티 플레이 싸-컬

✌ **I used to play soccer.**

✌

2 저는 선생님이었어요.　아이 유스티 비 어 티-쳘

✌ **I used to be a teacher.**

✌

3 저는 여기서 살았었어요.　아이 유스티 리브 히얼

✌ **I used to live here.**

✌

4 저는 전에 강아지를 키웠어요.　아이 유스티 헤브 어 덕

✌ **I used to have a dog.**

✌

83

실력 다지기

● 주어진 단어의 의미로 적절한 것을 찾아 연결하세요.

take a shower ⤬ 영어 공부를 하다
make a cake ⤬ 케이크를 만들다
study English ⤬ 사워를 하다

● 음원을 듣고, 빈칸에 알맞은 문장을 보기에서 골라 번호를 쓰세요.

보기
① I'm interested in you.　② I'm taking a shower.
③ I know how to fix it.

🧑 How's your day going?
🧑 It's good, thanks. How about yours?
🧑 Well, I just woke up, and now ___②___
🧑 What are your plans for the day?
🧑 I will have lunch and then go to work.
🧑 What time do you start work?
🧑 I start at 3 p.m.
🧑 That's not too early. Have a nice day!

● 다음 빈칸에 알맞은 단어를 보기에서 골라 번호를 쓰세요.

보기
① care　② later　③ family

· Take ___①___ . 몸 건강해요.
· I will call you ___②___ . 나중에 전화할게요.
· Say hello to your ___③___ . 가족들에게 안부 전해주세요.

90

써보기 ✏

● 문장을 2번씩 직접 써보고, 소리 내어 말해보세요.

1 저는 일하고 있어요.　아임 워얼킹

✌ **I'm working.**

✌

2 저는 샤워하고 있어요.　아임 테이킹 어 샤우얼

✌ **I'm taking a shower.**

✌

3 저는 케익을 만들고 있어요.　아임 메이킹 어 케이크

✌ **I'm making a cake.**

✌

4 저는 영어 공부를 하고 있어요.　아임 스터딩 잉글리쉬

✌ **I'm studying English.**

✌

91

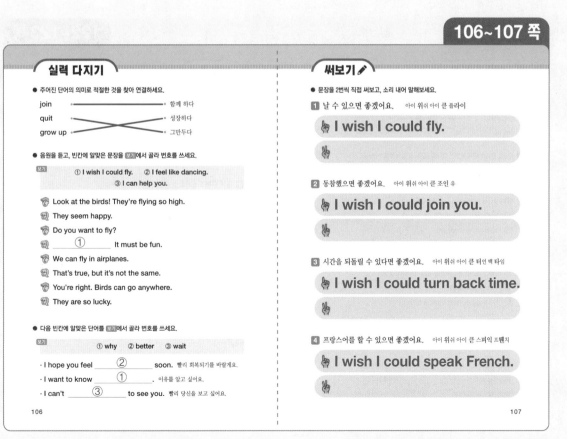

실력 다지기

● 주어진 단어의 의미로 적절한 것을 찾아 연결하세요.

run ——————— 달리다
hear ——————— 듣다
help ——————— 돕다

● 음원을 듣고, 빈칸에 알맞은 문장을 보기에서 골라 번호를 쓰세요.

보기
① I enjoy swimming.　② I'm hungry.
③ I can do it!

I want to make a cake.
That sounds fun! Have you made one before?
No, it's my first time.
Don't worry, just follow the recipe.
But it seems difficult.
Let's do it together. You can do it!
All right, ③
I'm sure you will do fine.

● 다음 빈칸에 알맞은 단어를 보기에서 골라 번호를 쓰세요.

보기
① god　② positive　③ doubt

· I'm ② . 확실해요.
· I swear to ① . 신에게 맹세해요.
· I have no ③ . 의심의 여지가 없어요.

98

써보기 ✏

● 문장을 2번씩 직접 써보고, 소리 내어 말해보세요.

1 저는 할 수 있어요.　아이 캔 두 잇

✋ I can do it.
✌

2 저는 빨리 뛸 수 있어요.　아이 캔 뤈 패스트

✋ I can run fast.
✌

3 저는 학교까지 걸어갈 수 있어요.　아이 캔 워-크 투 스쿠울

✋ I can walk to school.
✌

4 잘 들려요.　아이 캔 히얼 유

✋ I can hear you.
✌

99

실력 다지기

● 주어진 단어의 의미로 적절한 것을 찾아 연결하세요.

join ——————— 함께 하다
quit ——————— 성장하다
grow up ——————— 그만두다

● 음원을 듣고, 빈칸에 알맞은 문장을 보기에서 골라 번호를 쓰세요.

보기
① I wish I could fly.　② I feel like dancing.
③ I can help you.

Look at the birds! They're flying so high.
They seem happy.
Do you want to fly?
① It must be fun.
We can fly in airplanes.
That's true, but it's not the same.
You're right. Birds can go anywhere.
They are so lucky.

● 다음 빈칸에 알맞은 단어를 보기에서 골라 번호를 쓰세요.

보기
① why　② better　③ wait

· I hope you feel ② soon. 빨리 회복되기를 바랄게요.
· I want to know ① . 이유를 알고 싶어요.
· I can't ③ to see you. 빨리 당신을 보고 싶어요.

106

써보기 ✏

● 문장을 2번씩 직접 써보고, 소리 내어 말해보세요.

1 날 수 있으면 좋겠어요.　아이 위쉬 아이 쿨 플라이

✋ I wish I could fly.
✌

2 동참했으면 좋겠어요.　아이 위쉬 아이 쿨 조인 유

✋ I wish I could join you.
✌

3 시간을 되돌릴 수 있다면 좋겠어요.　아이 위쉬 아이 쿨 터언 백 타임

✋ I wish I could turn back time.
✌

4 프랑스어를 할 수 있으면 좋겠어요.　아이 위쉬 아이 쿨 스피익 프렌치

✋ I wish I could speak French.
✌

107

209

실력 다지기

● 주어진 단어의 의미로 적절한 것을 찾아 연결하세요.

nervous — 무서워하는
scared — 바쁜
busy — 긴장된

● 음원을 듣고, 빈칸에 알맞은 문장을 보기에서 골라 번호를 쓰세요.

보기
① Did you know that? ② Will you help me?
③ Were you scared?

🐶 Did you see the big dog outside?
😺 Yes, it barked at me!
🐶 ③
😺 Yes, I was. It was very loud.
🐶 I think it's the neighbor's dog.
😺 I hope it stays away.
🐶 Me too. Let's stay inside.
😺 Good idea. I'm scared.

● 다음 빈칸에 알맞은 단어를 보기에서 골라 번호를 쓰세요.

보기
① creepy ② scared ③ feeling

· I'm ② . 무서워요.
· It's too ① . 너무 으스스해요.
· I have a bad ③ . 느낌이 안 좋아요.

114

써보기

● 문장을 2번씩 직접 써보고, 소리 내어 말해보세요.

1 긴장됐어요? 월 유 너얼버쓰

✌ Were you nervous?

2 무서웠어요? 월 유 스케얼드

✌ Were you scared?

3 회사에 늦으셨어요? 월 유 레이트 펄 워얼크

✌ Were you late for work?

4 깜짝 놀랐어요? 월 유 썰프롸이즈드

✌ Were you surprised?

115

실력 다지기

● 주어진 단어의 의미로 적절한 것을 찾아 연결하세요.

go on vacation — 일어나다
get sleep — 잠을 자다
get up — 휴가를 가다

● 음원을 듣고, 빈칸에 알맞은 문장을 보기에서 골라 번호를 쓰세요.

보기
① Did you know that? ② When do you open?
③ Are you sure?

🐵 I went to the zoo yesterday.
🐵 That's nice! What did you see?
🐵 I saw a big elephant.
🐵 I heard elephants can't jump. ①
🐵 Really? I didn't know that.
🐵 And they drink water with their trunks.
🐵 I wish I saw that.
🐵 You should, next time. It's fun!

● 다음 빈칸에 알맞은 단어를 보기에서 골라 번호를 쓰세요.

보기
① this ② beginners ③ taste

· How about ① ? 이것은 어때요?
· It is good for ② . 초보자에게 좋아요.
· This will suit your ③ . 이건 당신 입맛에 맞을 거예요.

122

써보기

● 문장을 2번씩 직접 써보고, 소리 내어 말해보세요.

1 그거 알고 있었어요? 디쥬 노우 댓

✌ Did you know that?

2 휴가 다녀오셨어요? 디쥬 고우 언 베이케이션

✌ Did you go on vacation?

3 숙제 다 하셨어요? 디쥬 피니쉬 유얼 호움워얼크

✌ Did you finish your homework?

4 잠은 충분히 잤어요? 디쥬 겟 이너프 슬립

✌ Did you get enough sleep?

123

210

실력 다지기

● 주어진 단어의 의미로 적절한 것을 찾아 연결하세요.

wake · · 충고를 따르다
follow advice · · 깨우다
eat lunch · · 점심을 먹다

● 음원을 듣고, 빈칸에 알맞은 문장을 보기에서 골라 번호를 쓰세요.

보기
① Did you go on vacation? ② Where do you work?
③ Why didn't you tell me?

Hi, Adam! I saw cake in the fridge.
It's my birthday cake.
_____③_____ We should celebrate!
I'm sorry, I forgot.
It's okay. Happy birthday!
Thank you, Lily! Let's eat cake together.
Is it chocolate flavor?
Yes, it's your favorite!

● 다음 빈칸에 알맞은 단어를 보기에서 골라 번호를 쓰세요.

보기
① Birthday ② special day ③ candles

· Happy _____①_____ ! 생일 축하해요!
· Blow out the _____③_____ ! 촛불 끄세요!
· Enjoy your _____②_____ ! 당신의 특별한 날을 즐겨요!

130

써보기 ✏

● 문장을 2번씩 직접 써보고, 소리 내어 말해보세요.

1 왜 안 기다리셨어요? 와이 디든츄 웨이트

 Why didn't you wait?

2 왜 저에게 말 안했어요? 와이 디든츄 텔 미

 Why didn't you tell me?

3 왜 저를 안 깨웠어요? 와이 디든츄 웨이크 미

 Why didn't you wake me?

4 왜 점심을 먹지 않았어요? 와이 디든츄 잇 런취

 Why didn't you eat lunch?

131

실력 다지기

● 주어진 단어의 의미로 적절한 것을 찾아 연결하세요.

drive · · 청소하다
have breakfast · · 아침을 먹다
clean · · 운전하다

● 음원을 듣고, 빈칸에 알맞은 문장을 보기에서 골라 번호를 쓰세요.

보기
① I was taking a shower. ② I can hear you.
③ I'm afraid of snakes.

Hey, Lily! I called you.
Sorry! _____①_____
No problem. Are you free now?
Yes, I am. What's up?
Do you want some ice cream?
Yes, I love ice cream!
I have two flavors at home. Do you want to come over?
I will go right away!

● 다음 빈칸에 알맞은 단어를 보기에서 골라 번호를 쓰세요.

보기
① teeth ② hands ③ full

· Wash your _____②_____ . 손을 씻어요.
· I'm brushing my _____①_____ . 양치질 중이에요.
· The trash can is _____③_____ . 쓰레기통이 꽉 찼어요.

138

써보기 ✏

● 문장을 2번씩 직접 써보고, 소리 내어 말해보세요.

1 운전하고 있었어요. 아이 워즈 드롸이빙

 I was driving.

2 샤워하고 있었어요. 아이 워즈 테이킹 어 샤우얼

 I was taking a shower.

3 아침을 먹고 있었어요. 아이 워즈 해빙 브뤡퍼스트

I was having breakfast.

4 책을 읽고 있었어요. 아이 워즈 뤼-딩 어 북

 I was reading a book.

139

실력 다지기

● 주어진 단어의 의미로 적절한 것을 찾아 연결하세요.

marry   데리고 가다
take   결혼하다
come to the party   파티에 오다

● 음원을 듣고, 빈칸에 알맞은 문장을 보기에서 골라 번호를 쓰세요.

> 보기
> ① Will you take me there?   ② Do you like walking?
> ③ Are you ready?

🐰 Did you hear about the new ice cream shop?

🐵 Yes, it's near the bus stop.

🐰 I want to try it. ____①____

🐵 Of course! Let's go after lunch.

🐰 That's perfect. Is the ice cream good?

🐵 It's very good! You will love it.

🐰 I can't wait!

🐵 I feel the same way!

● 다음 빈칸에 알맞은 단어를 보기에서 골라 번호를 쓰세요.

> 보기
> ① heaven   ② bitter   ③ bland

· It's ____②____ . 쓰네요.

· It's ____③____ . 싱거워요.

· It tastes like ____①____ . 천상의 맛이네요.

146

써보기 ✏️

● 문장을 2번씩 직접 써보고, 소리 내어 말해보세요.

1 저와 결혼해 주시겠어요?   윌 유 매뤼 미

✌️ **Will you marry me?**

✌️

2 저를 거기까지 데려다주시겠어요?   윌 유 테이크 미 데얼

✌️ **Will you take me there?**

✌️

3 나중에 TV 볼 거예요?   윌 유 와-춰 티-비- 레이털

✌️ **Will you watch TV later?**

✌️

4 저와 저녁 식사 같이 하실래요?   윌 유 조인 미 펄 디널

✌️ **Will you join me for dinner?**

✌️

147

실력 다지기

● 주어진 단어의 의미로 적절한 것을 찾아 연결하세요.

marry   사다
buy   휴가를 가다
go on vacation   결혼하다

● 음원을 듣고, 빈칸에 알맞은 문장을 보기에서 골라 번호를 쓰세요.

> 보기
> ① I can't wait to marry her.   ② I'm afraid of the dark.
> ③ I used to be a teacher.

🐵 You seem happy today.

🐰 Yes, I am! I proposed to Lily.

🐵 Really? What did she say?

🐰 She said yes! ____①____

🐵 That's great news. Congratulations!

🐰 Thank you. I'm really happy.

🐵 When is the wedding?

🐰 We're thinking next summer.

● 다음 빈칸에 알맞은 단어를 보기에서 골라 번호를 쓰세요.

> 보기
> ① girlfriend   ② anniversary   ③ single

· She is my ____①____ . 그녀는 제 여자친구예요.

· He is ____③____ . 그는 미혼이에요.

· It's our 3rd ____②____ . 우리의 3주년이에요.

154

써보기 ✏️

● 문장을 2번씩 직접 써보고, 소리 내어 말해보세요.

1 빨리 읽고 싶어요.   아이 캔(트) 웨잇 투 뤼-드 잇

✌️ **I can't wait to read it.**

✌️

2 빨리 그녀와 결혼하고 싶어요.   아이 캔(트) 웨잇 투 매뤼 헐

✌️ **I can't wait to marry her.**

✌️

3 빨리 컴퓨터를 사고 싶어요.   아이 캔(트) 웨잇 투 바이 어 컴퓨-털

✌️ **I can't wait to buy a computer.**

✌️

4 빨리 당신을 보고 싶어요.   아이 캔(트) 웨잇 투 씨-유

✌️ **I can't wait to see you.**

✌️

155

212

실력 다지기

● 주어진 단어의 의미로 적절한 것을 찾아 연결하세요.

full ————— 배부르게 먹은
hungry ————— 목이 마른
thirsty ————— 배고픈

● 음원을 듣고, 빈칸에 알맞은 문장을 보기에서 골라 번호를 쓰세요.

보기 ① Where do you come from? ② Are you full?
③ Do you need help?

How was the pasta?
It was really delicious.
_____②_____
Yes, I'm full.
I'm glad you liked it.
Thank you for cooking.
No problem! I enjoy cooking for friends.
Let's eat together again soon.

● 다음 빈칸에 알맞은 단어를 보기에서 골라 번호를 쓰세요.

보기 ① free time ② something new ③ winter sports

· What do you do in your ___①___? 여가 시간에 뭐 하세요?
· I enjoy trying ___②___. 저는 새로운 걸 시도하는 것을 즐겨요.
· I'm a big fan of ___③___. 저는 겨울 스포츠를 정말 좋아해요.

162

써보기

● 문장을 2번씩 직접 써보고, 소리 내어 말해보세요.

1 아파요? 얼 유 씩
Are you sick?

2 확실한가요? 얼 유 슈얼
Are you sure?

3 배부르세요? 얼 유 플
Are you full?

4 준비됐나요? 얼 유 뤠디
Are you ready?

163

실력 다지기

● 주어진 단어의 의미로 적절한 것을 찾아 연결하세요.

receipt ————— 시간
plastic bag ————— 비닐봉지
time ————— 영수증

● 음원을 듣고, 빈칸에 알맞은 문장을 보기에서 골라 번호를 쓰세요.

보기 ① Do you need help? ② Were you sleepy?
③ Do you like your new job?

Hi, Adam! You have many bags.
Hello, Lily! Yes, I went shopping.
They look heavy. ___①___
Oh, thank you! That's very kind.
Which one can I carry?
Can you take the big one?
Sure! Let's go home now.
Thank you again. It helps a lot.

● 다음 빈칸에 알맞은 단어를 보기에서 골라 번호를 쓰세요.

보기 ① smaller size ② discount ③ tight

· Do you have a ___①___? 더 작은 사이즈로 있어요?
· That's too ___③___. 너무 꽉 끼네요.
· Can I get a ___②___? 할인을 받을 수 있을까요?

170

써보기

● 문장을 2번씩 직접 써보고, 소리 내어 말해보세요.

1 포크가 필요하세요? 두 유 니-드 어 포얼크
Do you need a fork?

2 도움이 필요하세요? 두 유 니-드 헬프
Do you need help?

3 영수증 필요하세요? 두 유 니-드 어 뤼씨-트
Do you need a receipt?

4 태워 드릴까요? 두 유 니-드 어 롸이드
Do you need a ride?

171

213

정답

실력 다지기

● 주어진 단어의 의미로 적절한 것을 찾아 연결하세요.

cabbage • • 양배추
new job • • 춤을 추다
dance • • 새로운 일

● 음원을 듣고, 빈칸에 알맞은 문장을 보기 에서 골라 번호를 쓰세요.

보기
① Where do you have lunch? ② Do you like walking?
③ Were you sleepy?

🦊 Hi, Adam!
🐱 Hi, Lily! I walked to school today.
🦊 Really? ②
🐱 Yes, I do! How about you?
👧 I like it too. It's healthy for me.
🐱 Let's walk together tomorrow.
🦊 Sure, let's do it!

● 다음 빈칸에 알맞은 단어를 보기 에서 골라 번호를 쓰세요.

보기
① healthy food ② fever ③ sore throat

· I try to eat ① . 건강한 음식을 먹으려고 노력해요.
· I have a ③ . 목이 아파요.
· I have a ② . 열이 있어요.

178

써보기 ✏️

● 문장을 2번씩 직접 써보고, 소리 내어 말해보세요.

1 동물을 좋아하세요? 두 유 라익 애니멀즈

👆 **Do you like animals?**

✌️

2 양배추 좋아하세요? 두 유 라익 캐비쥐

👆 **Do you like cabbage?**

✌️

3 걷는 것을 좋아하세요? 두 유 라익 워-킹

👆 **Do you like walking?**

✌️

4 춤추는 것을 좋아하세요? 두 유 라익 댄씽?

👆 **Do you like dancing?**

✌️

179

실력 다지기

● 주어진 단어의 의미로 적절한 것을 찾아 연결하세요.

have dinner • • 문을 닫다
close • • 헬스장에 가다
go to the gym • • 저녁을 먹다

● 음원을 듣고, 빈칸에 알맞은 문장을 보기 에서 골라 번호를 쓰세요.

보기
① Will you go out with me? ② When do you go to bed?
③ Why didn't you tell me?

🐻 I always feel tired in the morning.
🐰 ②
🐻 I go to bed at midnight.
🐰 That's late. That's why you're tired.
🐻 How about you?
🐰 I usually go to bed at 10 p.m.
🐻 Really? That's so early. I should sleep earlier too.
🐰 Good idea! I hope you feel better tomorrow.

● 다음 빈칸에 알맞은 단어를 보기 에서 골라 번호를 쓰세요.

보기
① take a nap ② sleepy ③ Sweet dreams

· I'm ② . 졸려요.
· I'm going to ① . 낮잠을 잘 거예요.
· ③ ! 좋은 꿈 꾸세요!

186

써보기 ✏️

● 문장을 2번씩 직접 써보고, 소리 내어 말해보세요.

1 언제 저녁을 드세요? 웬 두 유 해브 디널

👆 **When do you have dinner?**

✌️

2 언제 자러 가세요? 웬 두 유 고우 투 베드

👆 **When do you go to bed?**

✌️

3 언제 문을 열어요? 웬 두 유 오우펀

👆 **When do you open?**

✌️

4 언제 문을 닫아요? 웬 두 유 클로우즈

👆 **When do you close?**

✌️

187

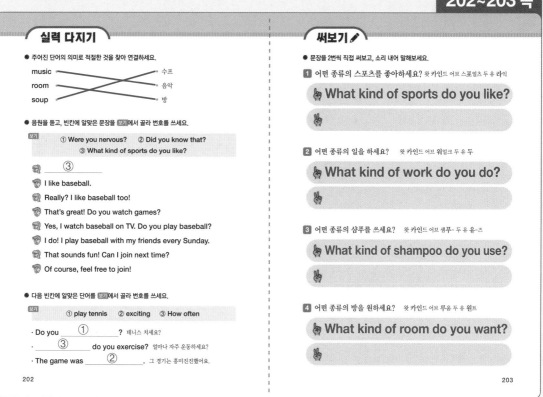

실력 다지기

● 주어진 단어의 의미로 적절한 것을 찾아 연결하세요.

work ──────── 운동하다
do yoga ──────── 요가를 하다
work out ──────── 일하다

● 음원을 듣고, 빈칸에 알맞은 문장을 보기에서 골라 번호를 쓰세요.

보기
① where do you work?   ② do you like your new job?
③ are you thirsty?

🧑 Hi! How was your day?

🧑 Hello! It was good, thank you. How about yours?

🧑 Not bad. By the way, ___①___

🧑 I work at a bookstore near the station.

🧑 Oh, that sounds fun! I like reading books.

🧑 Me too! You should visit sometime.

🧑 Sure! Can you recommend a book?

🧑 Yes! How about 'The Little Prince'?

● 다음 빈칸에 알맞은 단어를 보기에서 골라 번호를 쓰세요.

보기
① office   ② home   ③ new job

· Where is your ___①___ ? 사무실이 어디에 있어요?
· I'm working from ___②___ . 저는 재택근무 중이에요.
· Do you like your ___③___ ? 새 일은 마음에 들어요?

194

써보기 ✏

● 문장을 2번씩 직접 써보고, 소리 내어 말해보세요.

1 어디서 일하세요? 웨얼 두 유 워얼크

👉 **Where do you work?**

✌

2 어디에서 왔어요? 웨얼 두 유 컴 프뤔

👉 **Where do you come from?**

✌

3 어디서 점심을 드세요? 웨얼 두 유 해브 런취

👉 **Where do you have lunch?**

✌

4 어디 사세요? 웨얼 두 유 리브

👉 **Where do you live?**

✌

195

실력 다지기

● 주어진 단어의 의미로 적절한 것을 찾아 연결하세요.

music ──────── 수프
room ──────── 음악
soup ──────── 방

● 음원을 듣고, 빈칸에 알맞은 문장을 보기에서 골라 번호를 쓰세요.

보기
① Were you nervous?   ② Did you know that?
③ What kind of sports do you like?

🧑 ___③___

🧑 I like baseball.

🧑 Really? I like baseball too!

🧑 That's great! Do you watch games?

🧑 Yes, I watch baseball on TV. Do you play baseball?

🧑 I do! I play baseball with my friends every Sunday.

🧑 That sounds fun! Can I join next time?

🧑 Of course, feel free to join!

● 다음 빈칸에 알맞은 단어를 보기에서 골라 번호를 쓰세요.

보기
① play tennis   ② exciting   ③ How often

· Do you ___①___ ? 테니스 치세요?
· ___③___ do you exercise? 얼마나 자주 운동하세요?
· The game was ___②___ . 그 경기는 흥미진진했어요.

202

써보기 ✏

● 문장을 2번씩 직접 써보고, 소리 내어 말해보세요.

1 어떤 종류의 스포츠를 좋아하세요? 왓 카인드 어브 스포얼츠 두 유 라익

👉 **What kind of sports do you like?**

✌

2 어떤 종류의 일을 하세요? 왓 카인드 어브 워얼크 두 유 두

👉 **What kind of work do you do?**

✌

3 어떤 종류의 샴푸를 쓰세요? 왓 카인드 어브 샴푸- 두 유 유즈

👉 **What kind of shampoo do you use?**

✌

4 어떤 종류의 방을 원하세요? 왓 카인드 어브 루움 두 유 원트

👉 **What kind of room do you want?**

✌

203